La CNT y la Nueva Economía / Colección Investigación / **5**

La **CNT** y la Nueva Economía

DEL COLECTIVISMO EMPRESARIAL A LA PLANIFICACIÓN DE LA ECONOMÍA CONFEDERAL (1936-1939)

Miguel G. Gómez

Fundación Anselmo Lorenzo | 2024

© Miguel G. Gómez

EDITA
Fundación Anselmo Lorenzo
Peñuelas, 41 | 28001 Madrid | fal@cnt.es

IMÁGENES
Fondo Fundación Anselmo Lorenzo

MAQUETACIÓN Y DISEÑO
Enrique López Marín

ISBN
978-84-127509-4-2

DEPÓSITO LEGAL
M-17251-2024

Índice

La Liga de Allstedt quería establecer este principio: Omnia sunt communia, "toda la propiedad debería ser tenida en común" y se debería distribuir a cada cual según sus necesidades, según la ocasión requiriere. Cualquier príncipe, conde o señor que no quiera hacer esto, después de ser advertido, debería ser decapitado o colgado.

Thomas Müntzer

Ningún problema económico tiene una solución puramente económica.

John Stuart Mill

Que no vuelva a repetirse la especie, diluida ya en todos los tonos, de que bastará la improvisación y que es inútil toda previsión y avance. Conviene reducir la materia imprevista y someterla un mínimum.

Pierre Besnard

Agradecimientos

Un día Endika Alabort me sondeó para realizar una sesión, para su asignatura de Historia Económica, sobre los modelos económicos del anarquismo y anarcosindicalismo. Yo consideraba que no tenía nivel suficiente, ya que mis conocimientos de economía nunca han sido muy elevados. Sin embargo, aunque la propuesta no se materializó me hizo plantearme aceptarla y prepararme para hacer en otra ocasión un papel medianamente digno ante un posible público entendido en cuestiones económicas.

Para ello aproveché el TFG de la UOC que fue dirigido eficaz y atentamente por Gonzalo Berger, quien me fue haciendo apuntes y propuestas de enfoque, y me ayudó a desembarazarme de los habituales mitos historiográficos. El trabajo inicial solamente trataba sobre Catalunya, de ahí su extensión, y tenía una parte inicial historiográfica (*¿qué se ha escrito sobre el tema?*) que he sustituido por una más teórica. Ya sin límite de palabras, añadí los anexos y amplié todos los aspectos en general para entrar en más detalles. El trabajo que tenéis delante es el producto de esta propuesta.

Por lo tanto, le agradezco a Endika, a Gonzalo y, también, a Jaume Claret, por su apoyo y contribución.

¿Por qué se ha escrito este libro?

Tras años de militancia en diversos espacios del movimiento libertario, echaba de menos una teoría económica bien explicada que pudiese entender gente tan profana en la materia como yo. En algunos casos este tipo de literatura se dejó de producir en los años 50 del siglo pasado, en otros se reeditaron algunos materiales en los años 70 y 80, pero no fueron bien asimilados por el movimiento, puesto que lo que me encontré en mis primeros años de militancia a finales de los 90 y 2000 fue una falta de teoría económica, más allá de unos resúmenes en artículos y fragmentos de libros.

Básicamente, hasta no hace mucho, hablar de "comunismo libertario" dibujaba una imagen mental de arcadia feliz idílica, de carácter rural. Rara vez nos podríamos imaginar un funcionamiento comunista libertario de los complejos mecanismos socioeconómicos de una sociedad industrial y postindustrial avanzada. Porque, ¿cómo alimentaríamos una ciudad? ¿cómo funcionaría un aeropuerto en la anarquía? ¿y un hospital? ¿qué haríamos con el comercio internacional? ¿y con el turismo?... y otras del estilo son preguntas que es necesario que la militancia actual y futura pueda responder sin tener la menor duda.

En las últimas cuatro décadas ha habido otros estudios muy detallados sobre las agrupaciones y colectivizaciones de la Revolución española, como los grandes aportes de Graham Kelsey, Alberto Pérez Baró, Antoni Castells, Albert Balcells, Luis Garrido González, Juan Aymerich, David Martínez Fiol, José Luis Gutiérrez Molina, Marciano Cárdaba, Antoni Gavaldá, Guillem Puig, y muchos otros, que han desarrollado los aspectos económicos, pero que en resumidas cuentas apenas han tenido demasiado impacto en la teoría política actual del anarcosindicalismo o del anarquismo, que no termina de desembarazarse del marco mental de la comuna neorrural, la zona temporalmente autónoma o la "comunidad intencional".

Históricamente el movimiento libertario ha tratado la Guerra Civil considerando que desde mediados de 1937 todo habían sido renuncias y traiciones de sus comités hacia la revolución. Por consiguiente, acudiendo a las fuentes primarias en todo lo posible, he recuperado lo que me ha parecido más relevante de las propuestas de ese periodo "maldito".

Mi sorpresa ha sido tremenda al encontrar tantísima documentación sobre unos proyectos macroeconómicos confederales de los que no conocía apenas nada. Antes los había evaluado desde el punto de vista derrotista que predomina en el análisis libertario sobre el periodo. Con el objetivo de comprender aquellos proyectos, decidí darle la vuelta y entender así lo valioso que había en ellos.

Sirva este libro para profundizar en la teoría del sindicalismo revolucionario, del anarcosindicalismo y el comunismo libertario y tener una alternativa seria ante los históricos retos civilizatorios que nos presenta el siglo XXI.

El autor

Prólogo

Año tras año se ha avanzado en la investigación sobre el periodo que corresponde a la Guerra Civil, la Revolución de 1936-1939 y el papel del anarcosindicalismo. La historiografía militante comenzó a sistematizar lo ocurrido desde los inicios del proceso, mientras que la académica ha ido creciendo el número de investigaciones a lo largo del tiempo. Un reflejo de ello son la publicación de artículos académicos, libros, investigaciones y tesis doctorales, número que ha ido en aumento en las dos últimas décadas del presente siglo. Sin embargo, todavía son necesarios más estudios que ahonden en la organización específicamente económica del periodo, sobre todo centrados en el papel de la mayor organización revolucionaria de la contienda. El libro que Miguel Gómez ha escrito viene a arrojar luz de una manera sistemática, seria y rigurosa la forma en la que la CNT fue abordando la realización de la revolución social en el aspecto económico.

Gran parte de los trabajos que han tratado la temática económica, han sido estudios de casos, investigaciones indispensables para comprender lo que el proceso revolucionario supuso en su totalidad. Entender cómo se llevó a cabo el proceso revolucionario a nivel local, cómo se organizó la economía desde abajo, en cada taller, en cada municipio y comarca, es una de las piedras angulares para interpretar el proceso revolucionario que se inició en el verano de 1936. No solo el comienzo de este, sino cómo fue evolucionando cada colectividad y empresa colectivizada ante los retos y amenazas que suponían tanto la guerra como la República. Sin embargo, para tener una visión más global de la revolución, es indispensable fijar la mirada en el rol que jugó la Confederación durante el periodo.

Para poder abordar el proceso revolucionario desde un punto de vista económico, desde el ámbito anarquista ¿qué propuestas de organización se habían realizado hasta ese momento? Cronológicamente, se suelen citar las propuestas mutualistas, colectivistas y comunistas libertarias, a lo que hay que sumar la amplitud de miras de la propuesta económica anarquista al integrar enfoques analíticos de otras corrientes ideológicas, con sus pros y sus contras. Sin embargo, tal como señalan Luis Buendía y Daniel García[1] esta renuncia a enfoques analíticos propios de mayor calado no ha impedido elaborar propuestas de organización económica ciertamente interesantes. Esta heterodoxia económica hace que, desde ciertos ámbitos académicos, se critique la propuesta económica anarquista por una ausencia de un cuerpo económico exclusivamente de elaboración propio. A pesar de lo cual, esto mismo lo dota de una mayor flexibilidad analítica para abordar temas complejos. Pero de nada sirve la propuesta económica si sólo se queda en los papeles. Es ahí donde la Organización (en mayúsculas y en minúsculas) ponen en marcha las propuestas, mediante una política de ensayo y error, aprendiendo y rectificando.

Las organizaciones no son entes inflexibles, monolíticos, sino que se van adaptando a las diferentes circunstancias que van surgiendo y, en el caso de la CNT, sin eludir que la implantación del comunismo libertario era el objetivo final. La organización anarcosindicalista fue elaborando una propuesta práctica de la organización de la economía aterrizando a la realidad los acuerdos al respecto. Y si la realidad, hoy en día, es muy compleja, más lo era en un contexto de guerra total y de contrarrevolución por parte de supuestas fuerzas aliadas. Aun así, la CNT trabajó hasta el último momento por el mantenimiento y avance de las conquistas revolucionarias, de las instituciones bajo control obrero que nacieron al calor de la revolución social, tal como detalla Gómez en esta investigación.

1.   Buendía, L; García, D. (2020) *Anarquismo y economía: ¿una ausencia eterna?*, en El anarquismo: una ciencia subversiva, Libre Pensamiento, pp. 53-62

La puesta en marcha de una nueva economía, con el rumbo dirigido a la implantación del comunismo libertario, requería de la creación de unas nuevas instituciones, entendidas estas, por un lado, como agrupaciones que vertebran la vida social, como también las nuevas normas, usos y costumbres que van a regir en las relaciones tanto sociales como económicas, en un contexto revolucionario. Es así como se puede comprender la creación de diferentes organismos que tenían como objetivo principal reestructurar la economía. Miguel Gómez hace un repaso al proceso de creación de estas, en el que se puede señalar los esfuerzos previos realizados por la CNT antes de 1936, y como la anarcosindical, en las diferentes etapas de la revolución, trata de crear y hacer crecer nuevas instituciones bajo control obrero. Instituciones que, ante las circunstancias que van surgiendo, van adaptándose y mejorando en la medida de lo posible hasta el final de la guerra.

En este proceso, la Organización va aprendiendo sobre la práctica. De la puesta en marcha de miles de colectividades y colectivizaciones a partir de julio de 1936, a la valoración que se hace de estas experiencias, con sus partes positivas y sí, también las mejorables. Reseñable es que, en la misma fase expansiva de la revolución, Miguel Gómez retrata con acierto cuales eran los problemas previos existentes en la economía catalana, motor económico industrial de la península y uno de los epicentros de la revolución. Un ejemplo de ello lo dio el mismo Joan P. Fàbregas, a la sazón Conseller d'Economía por parte de CNT e impulsor del Decreto de Colectivizaciones, que señaló en ese periodo expansivo de la revolución, la capital importancia de las finanzas para la estabilización y avance de las propias colectividades, finanzas que había quedado bajo manos gubernamentales. De ahí los posteriores de creación de un banco o caja confederal, objeto de debate tal como plantea el autor.

Pero todo el periodo fue de revolución, y esta no acabó tras el corto verano de la anarquía ni tras los Hechos de Mayo de 1937, sino que siguió, adaptándose la organización a nuevas situaciones más difíciles, pero sin perder el horizonte revolucionario. Es en este periodo en el que Miguel Gómez documenta como la organización anarcosindicalista hace una reflexión sobre el propio proceso revolucionario, y los dilemas ante los que se encuentra la organización confederal en 1937. Y toma medidas, hace una clara apuesta económica revolucionaria, generando los organismos necesarios para su puesta en marcha. Apuesta que nace de la situación en la guerra y la correlación de fuerzas dentro del bando antifascista, pero, sobre todo, y esto es lo relevante, de la reflexión y análisis del proceso revolucionario inicial. En la que la clave es la planificación de la economía.

Este aprendizaje por parte de la organización arroja luz sobre las decisiones que se fueron tomando al respecto, y es de ayuda para dar respuesta a las grandes preguntas que se suelen hacer sobre el proceso revolucionario. ¿Fue implantado el comunismo libertario desde el 19 de julio, o estaríamos hablando de un periodo de transición? ¿Cuál era la situación de la revolución en los diferentes territorios? ¿Hasta dónde se llegó? Este libro sirve de guía para poder lograr dar respuestas solventes, en base a hechos y tomas de decisiones documentadas. Ir más allá de los prejuicios e idealizaciones, para tener una comprensión de cómo los y las anarquistas fueron organizando la economía, y como esa organización fue evolucionando durante todo el periodo, pasando por un inicio explosivo y atomizado a otros más organizados y coordinados, tras las valoraciones del camino recorrido y cambios en la correlación de fuerzas. Tras esta lectura, en la que se aportan múltiples referencias y hechos documentados indispensables para formarse una opinión seria, queda en manos de la lectora la valoración final de la vertiente económica de la experiencia revolucionaria de 1936-1939.

Si embargo, este no es un libro más de historia de la revolución de 1936. Durante los años en los que me ha correspondido enseñar historia económica, sin ser historiador, sino economista, a un perfil de alumnado que no es estudiante de historia, una de las claves (y retos) ha sido el de subrayar la relevancia de la historia para poder comprender, interpretar y dar respuesta a los problemas económicos, sean históricos o actuales. En el caso que nos comprende, la utilidad de este libro no es solo la de analizar la vertiente económica de la revolución, aspecto ya por sí mismo sumamente interesante y necesitado de más investigaciones en la línea de esta obra de Miguel Gómez. En un contexto de crisis multisistémica, que atraviesa todos los ámbitos de la vida, la propuesta revolucionaria libertaria es absolutamente indispensable si queremos un futuro en el que quepamos todas las personas y podamos hacer frente de manera colectiva a esta crisis. Y para ello, sigue resultando indispensable aprender de las diferentes experiencias revolucionarias como esta. Entender por qué se tomaron ciertas decisiones, que análisis había detrás y, sobre todo, que esfuerzo organizador se estaba llevando a cabo. Haciendo un paralelismo con el mundo científico y parafraseando a Newton, los y las revolucionarias de hoy, debemos ir subidas a hombros de gigantes. Si no hacemos un esfuerzo organizado, lo harán otras por nosotras. Y para ello, la lectura y análisis de textos como el que tienes entre manos, son absolutamente indispensables.

Endika Alabort Amundarain
ECONOMISTA, MILITANTE DE CNT Y MIEMBRO DEL ICEA, INSTITUTO DE CIENCIAS ECONÓMICAS Y DE LA AUTOGESTIÓN

La CNT y la Nueva Economía

Introducción al período

El proceso revolucionario español se sitúa en el marco abierto por la Revolución Rusa de 1917. La toma del poder por parte de los bolcheviques supuso un gran revulsivo para las aspiraciones de todo el socialismo revolucionario mundial, independientemente de sus tradiciones políticas, sociales o ideológicas. Los ecos de Rusia se oyeron en todo el continente. La clase obrera entendió que la revolución era posible: las huelgas, los motines, las insurrecciones y las revoluciones se sucedieron en un breve periodo de tiempo, entre 1918 y 1923.

La Primera Guerra Mundial dejó Europa sumida en una grave crisis económica y política, además del quebranto existencial que supuso el sinsentido del conflicto y su altísima mortandad. Las clases subalternas, por tanto, valoraron la vía revolucionaria como una posibilidad realista y necesaria.

En España, la Confederación Nacional del Trabajo, la CNT, central sindical anarcosindicalista, supo aprovechar esa oleada revolucionaria europea para situarse como el principal sindicato del estado. Su feudo era Barcelona, convertida en un punto neurálgico del anarquismo internacional. Desde la ciudad condal se irradiaban las ideas libertarias a toda España.

Para frenar el auge del anarquismo y del movimiento obrero organizado, la patronal catalana cayó en prácticas mafiosas, contratando pistoleros para eliminar dirigentes sindicales de la Confederación. Los grupos armados anarquistas contestaron de forma igualmente violenta, abriéndose un período (1919-1923) de alta inestabilidad que se cobró numerosas vidas.

Precisamente con el objeto de paralizar la fuerza de la Confederación, el capitán general de Barcelona, Miguel Primo de Rivera dio un golpe de estado en septiembre de 1923. Cierto es que había otros motivos, pero resultaba innegable que uno de ellos era detener el desarrollo de la organización revolucionaria más importante del momento.

La dictadura duró seis años. Fue apoyada por las fuerzas conservadoras del país, con la monarquía a la cabeza. A finales de la década de los años 20 una nueva inestabilidad política y económica hizo tambalearse las estructuras estatales, abriéndose un período de gran incertidumbre que desembocó en la proclamación de la República. De nuevo la CNT jugó un papel clave en esta época encuadrando el movimiento obrero de Catalunya, Valencia, Andalucía y de otros lugares, organizándolo para derrotar a la dictadura a base de huelgas.

La Segunda República

La proclamación de la Segunda República abrió grandes expectativas entre las clases populares. Se esperaban grandes cambios en la tenencia de la tierra, en la organización del trabajo, en la enseñanza, en el ejército, que apenas pudieron llevarse a cabo desde las Cortes, debido al bloqueo sistemático de los sectores conservadores. No solo esto, sino que pronto estas fuerzas derechistas se pusieron a conspirar incesantemente contra la República, buscando su hundimiento.

En extremo opuesto, las fuerzas revolucionarias también buscaban el fin de la república liberal burguesa. Pesaba sobremanera el ejemplo de Rusia, que había protagonizado una revolución democrática en febrero de 1917, para ser superada por la revolución socialista en octubre de aquel mismo año.

Tanto anarquistas como marxistas revolucionarios (muy escasos estos en la España de 1931) leyeron la coyuntura de este modo: los campesinos estaban ocupando tierras, los obreros iniciaban constantes huelgas y el ejército estaba lleno de soldados que, por entonces, simpatizaban bastante más con los huelguistas que con la alta burguesía. El resultado fueron varias intentonas insurreccionales entre 1932 y 1933, que no llegaron a buen puerto, pero que sumieron el país en una gran inestabilidad y en una sensación de crisis de estado.

La posición de la socialdemocracia, el Partido Socialista (PSOE), era incómoda. Tenía un discurso que justificaba la lucha popular, pero a la vez debía gestionar el gobierno republicano. Por un lado, actuaba como rompehuelgas en un momento álgido de huelgas industriales y campesinas, y por el otro iniciaba el debate sobre la reforma agraria e intentaba hacer concesiones a las masas.[2] La reforma agraria fue obstaculizada por los propietarios, cosa que solivantó y radicalizó el campesinado. La predisposición de la Guardia Civil a la violencia en el campo, fue tal que las continuas masacres que llevaban a cabo las fuerzas de seguridad eran como un catalizador de nuevas protestas en todas partes.

Mientras la situación en el campo era explosiva, en la industria y las minas, no era mejor. Por ejemplo, en la mina catalana de Cardona estalló una huelga el 13 de julio de 1931. En la prensa obrera de los primeros días, la CNT cardonina declaraba que "los obreros nos incautamos las minas y formamos guardias continuas para poder responder del orden de todo".[3] El pueblo fue tomado por el ejército y la huelga decayó, siendo derrotada.

En la fábrica asturiana Duro Felguera también tuvo lugar una situación semejante. De la misma forma que en Cardona, la huelga comenzó en julio de 1931 por reivindicaciones salariales. Sin embargo, los obreros ocuparon todo el complejo metalúrgico y retuvieron a la dirección de la empresa, como garantía contra el previsible asalto de la Guardia Civil. Intervino el Ministro de Gobernación, Miguel Maura, y ordenó la toma de la fábrica a cualquier precio. En ese contexto, el Gobernador de Oviedo envió dos compañías del ejército junto con la Guardia Civil para desalojar la empresa. El encierro duró seis días, y las tropas llegaron a confraternizar con la huelga, puesto que las mujeres y las familias de los obreros rodeaban el

---

2.   Rubira, 2017: 127

3.   Comité de Huelga. "Antecedentes y curso de un conflicto." Solidaridad Obrera, 24/07/1931

complejo fabril. Entre la férrea determinación obrera y la deslealtad de los soldados, la huelga salió victoriosa y los obreros recibieron los seis días de jornal y a nada menos que a 18.000 mineros asturianos se les pagó los tres días que perdieron por falta de energía eléctrica en los pozos debido a esta huelga. El triunfo fue total.[4]

De esta manera se llegaba a enero de 1932, momento en el cual estalló una revuelta en el Alto Llobregat, al norte de la provincia de Barcelona. El día 20, en el pueblo de Cercs las obreras de la fábrica textil se pusieron en huelga. Al enviar una delegación para pedirle su apoyo a los mineros de la cercana mina de Sant Corneli (Sant Cornel de Fígols), estos decidieron rápidamente unirse y ocuparon la mina. No se quedaron conformes con esto, sino que ocuparon todo el municipio de Fígols imponiendo el poder del comité revolucionario creado para gestionar la revuelta. Cuando llegaron las noticias a cada población, los sindicatos de varios lugares (Balsareny, Cardona, Navarcles, Sallent y Suria) tomaron el control de la población, proclamando el comunismo libertario. El movimiento revolucionario no fue más allá, puesto que la CNT no quiso proclamar una huelga general de solidaridad ni a nivel de España ni de Catalunya.

Esto eventualmente propició la sustitución de Ángel Pestaña al frente de la organización confederal por militantes de la Federación Anarquista Ibérica, FAI,[5] y por ello la radicalización del anarcosindicalismo. Esta ruptura dentro de la CNT en Catalunya dio pie a la consolidación del llamado "treintismo", que tuvo mucha fuerza en las comarcas catalanas del interior. El treintismo se llamaba así por un Manifiesto aparecido en agosto de 1931, el "Manifiesto de los Treinta", en el que se alertaba contra el aventurerismo de la FAI y se hablaba de preparar la revolución con cautela, ampliando la base.

Por el contrario, la lectura que hacía la militancia de la FAI era que la situación estaba madura para la revolución social y que tenían que hacer todo lo que estaba en su mano para desencadenarla.

---

4. La Campana, II época. N. 239. p. 20.

5. La FAI se fundó en 1927, aunque ya había grupos anarquistas operativos desde el siglo XIX.

Los comités revolucionarios que funcionaron muy brevemente en estas poblaciones del Alto Llobregat, pudieron iniciar una precaria gestión de los recursos disponibles. Con el comercio interrumpido, crearon vales con el sello del sindicato o del comité revolucionario para distribuir las provisiones y otros bienes. No había un plan de conjunto, pero aun así los militantes obreros ya sabían cómo podía funcionar un pueblo socializado o una comuna revolucionaria.

Fígols, aunque no fuese un acontecimiento preparado, fue el detonante de un ciclo insurreccional mediante el cual los anarquistas desafiaron al régimen republicano. En 1933 los anarquistas impulsaron otras dos insurrecciones contra la república: en enero de 1933 y en diciembre de 1933. Tomaron algunas poblaciones en Aragón, Andalucía, León o en el País Valenciano, instaurando un breve comunismo libertario, y se enfrentaron a las tropas del ejército y de la Guardia Civil y de Asalto. Nunca lograron el control de ningún territorio, así que no tuvieron la oportunidad de gestionar ninguna economía, más allá de la cuestión logística del armamento.

Donde sí que hubo un control territorial fue en Asturias en Octubre de 1934. La Alianza Obrera[6] tomó bastantes municipios de la cuenca minera y hasta intentó conquistar Oviedo por las armas. Las dos semanas que duró esta revolución posibilitaron que los comités locales tuvieran que gestionar sus poblaciones: se incautaron los almacenes de las empresas y los grandes comercios, poniéndolos a disposición de las necesidades de la población, inaugurando una especie de "economía de vales". En referencia a esto último, todos los abastos funcionaron mediante vales firmados por los comités que servían para cubrir las necesidades básicas.[7]

Dada la situación de guerra total que vivía Asturias, lo normal fue la requisa, en especial del transporte. Además, se tomaron algunas fábricas (la fábrica de Trubia, Hulleras de Turón, Duro Felguera o las fábricas de Moreda y de Mieres) para ser dedicadas a cubrir

6. En Asturias estaba formada por el PSOE, la UGT, la CNT y el PCE y las juventudes socialistas y comunistas.

7. Taibo II, 1980: 83, Tomo 2

las necesidades bélicas. En estas fábricas se trabajaba de forma voluntaria, pero con turnos muy intensivos de 12 a 15 horas, dada la urgencia de la situación[8] o, en algunas fábricas, en tres turnos de 8 horas.[9]

Respecto a los Hechos de Octubre en Catalunya, estos se vivieron de distinta forma que en Asturias. En primer lugar, porque el propio Gobierno de la Generalitat estaba al frente del movimiento. El President Lluís Companys proclamó el 6 de Octubre "l'Estat Català dins la República Federal", que muchos interpretaban como la república catalana. Las organizaciones Esquerra Republicana, Estat Català y sus juventudes formaron escamots de militantes armados para defender esta proclamación revolucionaria. En paralelo la Alianza Obrera también se unió al movimiento, pero planteando abiertamente una república socialista.[10] Es decir, que el movimiento insurreccional tenía dos programas distintos que coexistían: el republicano catalán y el socialista. Podríamos añadir, que hubo otro programa en liza, puesto que los anarquistas también participaron en ciertos lugares con una agenda propia.

Como la Generalitat no quiso que la CNT y la FAI participasen del movimiento, no facilitaron su entendimiento con estas fuerzas. De hecho, estas ya habían renunciado a cualquier pacto con la Generalitat a la que consideraban su enemigo. Por tanto, la revolución catalana fue rápidamente derrotada en Barcelona por las tropas del General Batet.

A pesar de esta derrota en algunas localidades los revolucionarios controlaron brevemente la situación. Este fue el caso de Granollers por la CNT-FAI, y Sabadell, Sant Boi de Llobregat, Sant Cugat, Vilanova i la Geltrú por la Alianza Obrera, entre muchos otros pueblos más pequeños controlados por rabassaires y republicanos.[11]

---

8.   Taibo II, 1980: 85, Tomo 2

9.   Díaz Nosty, B., 1974): 270

10.   Ver López Esteve, 2013.

11.   Los hechos de Octubre de 1934 en Catalunya quedan bien recogidos en Citado en Manuel López Esteve, Manuel (2012) *Els fets d'octubre de*

Por último, tengamos en cuenta ahora otro factor para esa preparación de la autogestión a gran escala que vivió España en 1936: la Huelga General en Francia.

Aupado por la conflictividad social, el Frente Popular francés había logrado un amplio triunfo en las elecciones legislativas del 26 de abril y del 3 de mayo. Sin embargo, la clase obrera veía que las altas instituciones del estado no le cedían el poder al Frente Popular, por lo que inició una oleada de huelgas desde el 11 de mayo. A finales de mes había unos 2 millones de huelguistas en unas 12.000 huelgas, que llevaron a cabo unos 9.000 actos de ocupación. El clima político y social alcanzó connotaciones revolucionarias y eventualmente el presidente del Consejo de Ministros, Albert Sarraut, invitó al socialista León Blum a formar gobierno para resolver la situación. El movimiento huelguístico terminó con amplias concesiones sociales y económicas y significaba una victoria del movimiento obrero.[12]

Esta victoria llegaría a la prensa obrera española y se asumiría que la ocupación de las empresas era también una herramienta de lucha política, y no solo económica. Ante la grave crisis de la industria española, algunos sectores proponían la expropiación de las fábricas. Este fue el caso del Ramo del Fabril y Textil de Catalunya, de la CNT. En su pleno de Sabadell, celebrado el 30 y 31 de mayo de 1936, se acordó que los trabajadores no tolerasen el cierre de ninguna empresa y, si esto ocurría, los obreros deberían negarse a abandonarla:

> 3º Los trabajadores de la industria fabril y textil, desde este momento no tolerarán el cierre de ninguna fábrica. En caso de que la organización obrera de la localidad se viera impotente para evitar la paralización total de una fábrica, los obreros se negarían a abandonarla, exigiendo del Gobierno o de los organismos responsables el funcionamiento de la mis-

---

1934 a Catalunya: més enllà de l'acció governamental. UPF (tesina).

12. Berstein, Serge (2002). *La France des années 30*, Paris, Armand Colin, coll. Cursus. Histoire , 2002, 4ᵉ éd., p. 186.

ma, o bien el abono íntegro de los jornales necesarios para la subsistencia de los obreros afectados.[13]

Los tres meses anteriores a la guerra se caracterizaron por una explosión de huelgas sin precedentes. Hubo días en junio-julio con un promedio de 400.000 a 450.000 huelguistas en toda España.[14] En esta convulsa época, las huelgas podían venir acompañadas de actos de sabotaje, enfrentamientos con las fuerzas del orden o de bloqueos de esquiroles y hasta intentos de ocupación de los centros de trabajo.

Tras todo lo visto, podemos concluir que la situación político-social parecía propicia para una autogestión generalizada, tal como se vería durante los primeros compases de la guerra.

LA TEORÍA SOCIOECONÓMICA DEL ANARQUISMO

Desde la aparición del socialismo en el siglo XIX se elaboraron numerosos programas y proyectos de sociedad que esbozaban modelos de sociedad alternativos al hegemónico, que denominaban "estado burgués". Todo el ámbito socialista entendía que el estado era un reflejo de la sociedad de clases en el que la burguesía tenía el control de las instituciones. Dicho de otra manera, un estado era una estructura social formada para proteger y organizar de forma más eficiente los intereses de la burguesía.

Añadamos que para los anarquistas la esencia del estado consiste en la centralización del poder político. Por tanto, el aparato estatal, tenga la forma que tenga, conservará el monopolio de la violencia. El estado es una relación social entre las clases: una domina y la otra es dominada.[15]

---

13. Ponencia. "Cuarta sesión del Pleno Regional de la Industria Fabril y Textil de Cataluña celebrado en Sabadell los días 30 y 31 de mayo". Solidaridad Obrera, 05/06/1936, p.2.

14. Fernando Claudín. *La crisis en el movimiento comunista...* p. 174

15. Fabbri, Luigi. (1922) *Anarquía y comunismo científico*. La Turba Ediciones p.11

Pierre J. Proudhon, probablemente la primera figura teórica relevante del anarquismo internacional, esbozaba una alternativa al estado burgués en 1851. Pasaba por una disolución del régimen político (el Estado) en el régimen económico (la sociedad). Para él, los dos regímenes estaban en conflicto permanente y el predominio de uno o de otro dependía de la correlación de fuerzas. Para que el pueblo organizado tuviese posibilidades, debería estar bien articulado antes de la revolución.[16]

Otros socialistas, que no eran de la rama antiautoritaria, asumían que sustituir un estado burgués por uno obrero, sería una solución. Sin embargo, los anarquistas negaban esta posibilidad al considerar que cualquier persona colocada al frente de un estado se corrompería irremediablemente y se convertiría en déspota.

Un desarrollo fundamental para el devenir de las ideas socialistas, tuvo lugar en el Congreso de la Primera Internacional, celebrado en Bruselas en 1868. Su relevancia reside en que se aprobó el modelo de socialización de los medios de producción. En esta socialización o colectivismo se entendía que la propiedad debería ser ejercida por cooperativas de producción y no como propiedad estatal. En la cuestión campesina, la solución era similar: la propiedad de la tierra debería ser de las comunidades y su explotación debería ser realizada por las cooperativas agrícolas. El Congreso, en cambio, no aceptó las cooperativas de consumo y las de producción que pagaban intereses según el capital invertido en ellas.[17]

Todos los delegados acordaron que la riqueza natural y social pasase a manos de la colectividad, aunque fueron ambiguos respecto al papel del estado, al escribir que la colectividad social podría estar representada por un "Estado regenerado y sometido a la ley de la justicia". Se entendía que el estado era una institución fundamentalmente reaccionaria. Sin embargo, no encontraron otra fórmula para

---

16. Ver Proudhon, Pierre J. (1851) "Séptimo estudio. Disolución del Gobierno en el organismo económico" en *Idea general de la Revolución en el siglo XIX. Tomo I*. p. 186 y ss.

17. Termes, Josep ([1965] 2000). *Anarquismo y sindicalismo en España (1864-1881)*. Ed. Crítica. p. 15

describir los casos en los que las actividades y propiedades rebasaran los límites de la cooperativa local o sectorial.[18]

Animado por las insurrecciones populares de 1848 y de 1871, el anarquismo de aquella época planteaba que la alternativa al estado pasaba por la federación de comunas libres. Cada comuna se liberaría por revolución (como la Comuna de París) o por evolución, es decir, como proyecto de colonia liberada de la influencia del estado. El ruso Mijail Bakunin era partidario de la primera opción. Incluso teorizó sobre el organismo que debería tomar el control de una ciudad en el apogeo de la insurrección.

Para Bakunin la Comuna no era otra cosa que la alianza de todas las asociaciones obreras. Pero esta alianza no debía ser dejada al azar, sino que se tendría que dar, como afirmaba Proudhon, en un ambiente insurreccional. En un entorno así, cuando la burguesía aún no está derrotada, se requiere organizar la Comuna. Su función es lanzar una ofensiva revolucionaria contra la burguesía:

> "Para la organización de la Comuna, la Federación de barricadas en permanencia y la función de un Consejo de la Comuna revolucionaria por la delegación de uno o dos diputados por cada barricada, uno por calle o por barrio, diputados investidos de mandatos imperativos, siempre responsables y siempre revocables. Así organizado el Consejo Comunal, podrá elegir en su seno comités ejecutivos, separados para cada rama de la administración revolucionaria de la Comuna".[19]

Leyendo entre líneas, podemos ver que Bakunin consideraba que la Comuna era una administración de la clase obrera, antagonista del estado, pero que uno de sus aspectos más importantes era el militar.[20]

---

18. Cole, G. D. H. (1964), *Historia del pensamiento socialista.* V, II ed., Méjico, Fondo de Cultura Económica. pp. 125 y 126.

19. Bakunin, Miguel. *La Libertad*, p. 168

20. Por el contrario, Karl Marx entendía la Comuna de París como un ejemplo en positivo de estado obrero. Hay autores que se preguntan si

Piotr Kropotkin, por su lado también adoptó la Comuna como ideal social. Según su ideal, la humanidad tendría que vivir en comunidades pequeñas, cercanas al cultivo de la tierra. La sociedad sería como una federación de comunidades de base territorial o industrial. Cada comunidad, a su vez, debería ser una federación de individuos libres que aplicasen sus conocimientos en beneficio de toda la comunidad.[21]

Estas ideas se pulieron definitivamente con el sindicalismo revolucionario. La clase obrera se había dotado de sociedades de resistencia, de sindicatos, de bolsas de trabajo, mutualidades y cooperativas. El sindicalismo revolucionario entendía que todo ello debía conformar un entramado social que en caso de conflicto – como una huelga larga – podría gestionar un territorio. La Huelga General se veía como un proceso insurreccional que podría instaurar el socialismo. La Carta de Amiens (1906)[22] expresaba con claridad la doble vertiente del sindicalismo revolucionario:

> El Congreso precisa, en los puntos siguientes, esta afirmación teórica:
>
> En su labor reivindicativa cotidiana, el sindicalismo trata de coordinar los esfuerzos obreros, aumentar el bienestar de los trabajadores con mejoras inmediatas, como son la disminución de los horarios de trabajo, el alza de salarios, etc.
>
> Pero esta no es más que una de las tareas del sindicalismo; éste prepara la emancipación integral, que sólo se podrá llevar a cabo mediante la expropiación capitalista; defiende como medio de acción la huelga general y considera que el sindicato, hoy agrupación para la resistencia, será en el futu-

---

las diferencias entre ellos no eran más que semántica.

21. Damier, Vadim y Rublev, Dmitri. *La visión económica de Piotr Kropotkin y los retos del siglo XXI*. Ser Histórico. https://serhistorico.net/2021/02/24/la-vision-economica-de-piotr-kropotkin-y-los-retos-del-siglo-xxi/

22. Consultada en wikisource: https://es.wikisource.org/wiki/Carta_de_Amiens

ro una agrupación para la producción y el reparto, la base de la reorganización social;

El Congreso declara que esta doble tarea, cotidiana y futura, es producto de la condición de asalariado que pesa sobre la clase obrera y que obliga a todos los trabajadores, sean cuales sean sus opiniones o sus tendencias políticas o filosóficas, a pertenecer a la agrupación esencial que es el sindicato;

En consecuencia, en lo que respecta a los individuos, el Congreso afirma la completa libertad del afiliado para participar, al margen de su agrupación corporativa, en las formas de lucha correspondientes a su concepción filosófica o política, limitándose a pedirle a cambio que no introduzca en el sindicato las opiniones que profesa fuera;

Respecto a las organizaciones, el Congreso declara que, para que el sindicalismo alcance su máxima efectividad, la acción económica debe ejercerse directamente contra la patronal, por lo que las organizaciones confederadas, como agrupaciones sindicales, no deben preocuparse por los partidos y sectas que, al margen de ellas y a su lado, se dediquen en completa libertad a la labor de transformación social.

El espíritu del Congreso de Amiens se resumía en que "el sindicalismo se bastaba a sí mismo" para organizar la sociedad antes y después de la revolución. Esta misma frase fue expresada por Pierre Monatte en el Congreso Internacional Anarquista de Ámsterdam (1907).[23] A partir de entonces se impusieron ampliamente las tesis sindicalistas en el anarquismo internacional. A cambio se exigió que el sindicalismo tuviese como finalidad el comunismo libertario.

Sin embargo, Errico Malatesta, a pesar de reconocerse como partidario de los sindicatos, alertaba de que los sindicatos a medida que crecían en fuerza y riqueza se convertían en organizaciones conservadoras, dedicadas a buscar privilegios para sus miembros, antes de tratar de hacer la revolución. Según Malatesta era un error creer

---

23. Los debates del Congreso se pueden encontrar aquí: http://www.antorcha.net/biblioteca_virtual/historia/amsterdam/indice.html

que los trabajadores iban a ser solidarios "per se". Desconfiaba de la tesis de la Huelga General, que se aprobó en el Congreso, y proponía la insurrección. Equiparaba ambas tesis a medios para lograr el fin revolucionario.

> Hay que concluir ahora. Antaño deploraba que los compañeros se aislasen del movimiento obrero. Hoy deploro que muchos de nosotros, cayendo en el exceso contrario, se dejan absorber por este mismo movimiento. Una vez más, la organización obrera, la huelga, la huelga general, la acción directa, el boicot, el sabotaje y la misma insurrección armada, no son más que *medios*. La anarquía es el *fin*. La revolución anarquista que queremos sobrepasa por mucho los intereses de una clase: se propone la liberación completa de la humanidad actualmente sojuzgada, en los tres aspectos: económico, político y moral. Guardémonos entonces de todo medio de acción unilateral y simplista. El sindicalismo, medio de acción excelente en razón de las fuerzas obreras que pone a nuestra disposición, no puede ser nuestro único medio. Y aún menos debe hacernos perder de vista el único fin que valga un esfuerzo: ¡la Anarquía!

Quien mejor sistematizó la teoría anarquista fue Luigi Fabbri. En su obra de 1921, *Revolución no es dictadura*,[24] Fabbri contestaba a nivel teórico al bolchevismo ruso. Establecía una teoría de la revolución, que debía realizar el anarquismo. Alertaba, casi premonitoriamente como veremos, que permitir la supervivencia del gobierno el día después de la revolución será un gran peligro para la misma. Más aún, si esta revolución permite, además, que exista el privilegio económico. Por tanto, según Fabbri, se debe llevar a cabo de forma inmediata la expropiación de la propiedad y la disolución del poder político burgués. Después de esto, debería dar comienzo la fase constructiva de la revolución.

---

24. Ver Fabbri, Luigi (1921). *Revolución no es dictadura. La gestión directa de las bases del socialismo*.

Como buen comunista anarquista, Fabbri hablaba de la importancia del trabajo y la distribución. Destacaremos la preocupación de Fabbri por permitir libertad para que los trabajadores experimentasen sistemas diversos basados en el apoyo mutuo, sin imponer ninguno por medio de la fuerza.

> Aun en un régimen completamente anárquico estamos persuadidos que, aunque la organización de la producción y del consumo sobre bases comunistas será el tipo dominante y la regla general (y precisamente porque será una regla libre y no obligatoriamente impuesta a todos), no impedirá ella que subsistan —o por voluntad de los individuos o por especiales necesidades del ambiente o del trabajo— formas diversas de organización, colectivistas, mutualistas, etc., y aun algunas formas de propiedad individual, a condición de que ésta no implique sometimiento o explotación de nadie.

Fabbri, tal como la mayoría de anarquistas de su tiempo, saludaba los soviets rusos, surgidos de la acción directa del proletariado, a los que consideraba un tipo de organización social deseable. Los soviets, en tanto que núcleos autónomos de productores que se federan entre sí, son instituciones capaces de cubrir todas las necesidades de su población y de defender su territorio contra cualquier poder que se forme. Consideraba los sindicatos como un tipo más de asociación obrera y no la fundamental, como la consideraría el sindicalismo revolucionario. Su función no es organizar la sociedad sino expropiar la riqueza:

> No faltan para esta tarea los organismos proletarios necesarios —grupos locales, organizaciones y sindicatos proletarios y corporativos, comités o consejos obreros, por comuna, por provincia o región, etc.— a través y por medio de los cuales el proletariado ejercerá, con su acción directa, la propia fuerza expropiadora, sin confiar la misión a un Estado central, proletario de nombre, pero de hecho compuesto por unas cuantas personas de un solo partido.

Esta forma de ver los soviets coincide con la de un testigo presencial de la Revolución rusa, Gregori Maximoff. Él fue el director del periódico anarcosindicalista portavoz de aquel movimiento en Rusia. A pesar de defender el sindicalismo industrial que impulsaba los comités de fábrica, en cuanto a modelo de sociedad, aceptaba un sistema de soviets libres y democráticos. A este sistema lo llamaba "comunalismo" o "confederación comunal", entendiendo como tal la federación de las comunas libres con los soviets. Este sistema debería tomar el lugar del Estado.[25]

El sindicalismo revolucionario tuvo un momento álgido en los años que antecedieron y en los que siguieron a la Primera Guerra Mundial. En Francia, la CGT continuó bajo la influencia del sindicalismo revolucionario hasta la guerra.[26] Sin embargo, en esa época los sectores reformistas tomaron el control de la organización sindical. En la postguerra las corrientes revolucionarias (anarcosindicalistas, comunistas y sindicalistas revolucionarios) organizaron una oposición interna muy potente que dirigió una huelga general. La CGT incluso impulsó un Consejo Económico y Social que reuniría otras entidades obreras para formar un bloque más sólido.

También destacaremos en este sentido a la norteamericana IWW. Su lema era un gráfico "One Big Union" (Una Gran Unión), ya que planteaban la unidad de la clase obrera bajo una sola central sindical. Nunca escondieron que su objetivo principal era la liquidación del capitalismo. A pesar de haber tenido más influencia del marxismo que del anarquismo, en la práctica su idiosincrasia fue muy similar a los planteamientos del sindicalismo francés:

> Eliminar el capitalismo es la histórica misión de la clase obrera. El ejército de la producción debe estar organizado, no sólo para la lucha diaria con los capitalistas, sino también

---

25. Ver Maximoff, Gregori P. (1999 [1927]) *Program of Anarcho-syndicalism.* Golos Truda.

26. Tal fue así que durante esos años en casi toda Europa se conocía como "sindicalismo francés" a lo que estamos denominando como sindicalismo revolucionario.

para gestionar la producción cuando el capitalismo haya sido depuesto. Mediante la organización industrial estamos formando la estructura de la nueva sociedad dentro del caparazón de la vieja.[27]

Esta última expresión se interpreta como prefigurativa de una sociedad sin explotación basada en la autogestión que se denominaba "democracia industrial". De este modo se instaba la militancia de IWW[28] a que se educara en los principios democráticos, mientras que también se debería preparar y capacitar para poner en marcha la industria. Estos pasos se debían realizar antes de la "huelga general final" en la que la clase trabajadora ocuparía sus puestos de trabajo.

Podemos ver que hay dos fórmulas principales para establecer el comunismo libertario: una se basa en el territorio y se organiza mediante comunas, soviets o municipios, mientras que la otra se basa en la producción e industria y se organiza en agrupaciones obreras, sindicatos o cooperativas. En ningún caso son excluyentes, puesto que los ejemplos históricos (México, 1910-1917; Ucrania 1917-1922; España, 1936-1939; o Bulgaria 1944-1948) demuestran que ambas pueden coexistir en un mismo lugar.

PROPUESTAS REVOLUCIONARIAS DEL ANARQUISMO IBÉRICO PREVIAS A LA GUERRA

Lo cierto es que, a partir de la Primera Guerra Mundial, en la izquierda se entendía la revolución como algo posible y, desde algu-

---

27. Del Preámbulo de IWW: "It is the historic mission of the working class to do away with capitalism. The army of production must be organized, not only for the everyday struggle with capitalists, but also to carry on production when capitalism shall have been over-thrown. By organizing industrially, we are forming the structure of the new society within the shell of the old." Etor, JJ. (1913). *Industrial Unionism. The road to Freedom.*

28. Siglas de Industrial Workers of the World, organización sindical fundada en Chicago en 1905.

nos sectores, incluso inminente. Por tanto, se daban muchos debates sobre cómo organizar la sociedad después de la insurrección obrera y en las páginas de la prensa revolucionaria aparecía esta literatura "anticipacionista".[29]

Volviendo por el campo libertario español, cabe comenzar aclarando que el anarcosindicalismo rechazaba de plano la incorporación a las instituciones parlamentarias y consideraba que el sindicato debía ser un espacio políticamente autónomo respecto a la burguesía. En el Congreso de la CNT del Teatro de la Comedia de Madrid, de 1919, se aprobaba que:

> Una revolución realizada a base de la intervención decisiva de la organización sindical, tomándose ella la responsabilidad del movimiento y encargándose, a su vez, de consolidar su triunfo, organizando la producción y dándole estos fundamentos económicos...
>
> Así, los sindicalistas debemos concebir [...] la revolución, socializada la riqueza por la representación central de la organización sindical de cada país, realizados en cada ciudad, en cada región, en la nación entera, los intentos de reconstrucción nacional, a base de la intervención de los sindicatos en la revolución del trabajo, en la distribución, en el consumo, en los transportes, etc.[30]

Quien supo acoplar mejor estas ideas a la praxis de la CNT fue Salvador Seguí. Seguí entendía que el sindicato es el epicentro político y social, un embrión de la nueva sociedad, ya que es un espacio de relaciones sociales y políticas. Entendía que el sindicato podía sustituir al estado burgués ya que podría emular todas las funciones y estructuras de éste. Por tanto, los sindicatos debían hegemonizar

---

29. Como muestra, puede verse la larga cita de obras que recoge Peirats, Josep. (1976) Los anarquistas en la guerra civil española. Júcar. Madrid. págs. 138 ss

30. Congreso de 1919. Op. Cit. p. 477

la sociedad convirtiéndose en el epicentro de la vida cotidiana, organizando la producción y la distribución de bienes y servicios.[31]

En 1931 la CNT publicó un libro del francés Pierre Besnard, *Los sindicatos obreros y la revolución social*. Este libro, traducido por Felipe Aláiz y prologado por Joan Peiró, tuvo muy buena acogida entre las filas anarcosindicalistas, puesto que venía a rellenar un vacío teórico. Hasta entonces la literatura anarquista hispana no acababa de definir de forma clara y rotunda los conceptos básicos.

Besnard proponía que las tres reivindicaciones básicas del sindicalismo debían ser la reducción de la jornada laboral, el salario único y el control sindical de la producción. Respecto a la organización sindical, Besnard entendía que los sindicatos deberían preparar sus cuadros y formar un plan para preparar la producción una vez ocurrida la revolución. Proponía que las Uniones locales y federaciones regionales tuviesen un papel técnico y social al mismo tiempo. También indicaba que la CGT francesa ya disponía de un Consejo Económico del Trabajo con miembros que representaban a las federaciones de industria. El Consejo Económico estudiaría la capacidad de producción del país, los recursos, las importaciones y exportaciones. Con estos datos elaboraría la cantidad de producción que debería alcanzarse y para ello redistribuiría las materias primas de la forma más óptima. Su propuesta consideraba el Sindicato y el Municipio como los dos elementos fundamentales de la sociedad.

Hablando de una hipotética situación revolucionaria, también describía el Consejo de Fábrica, a los que otorgaba los dos papeles: técnico y social. Ambas funciones crearían una sección y entre las dos formarían el Consejo de Administración de la empresa. Los esquemas fundamentales en el aspecto socioeconómico son los siguientes:

---

31. Xavier Díez (2016). *El pensament polític de Salvador Seguí*. Virus, Barcelona. pp. 176-178

Organización Sindical

Consejo de Fábrica
↓
Sindicato único
↓
Unión Local
↓
Confederación Regional
↓
Federación de Industria
↓
Confederación General del Trabajo
↑
Consejo Nacional del Trabajo
↑
Consejo General de Economía

Consejo Nacional de Economía

Célula estadística de fábrica
↓
Comité sindical de Estadística
↓
Oficina Regional
↓
Federación de Industria
↓
Consejo Nacional del Trabajo
↑   ↑
Estadística Agrícola | Estadística Industrial

Confederación Nacional

La obra de Besnard fue publicada también en las páginas de la prensa confederal y algunos militantes como Joan Peiró o el valenciano Martín Civera hicieron resúmenes de los puntos más importantes del libro. Con ello, Besnard logró influir decisivamente en los planteamientos del anarcosindicalismo ibérico.

De esta manera, Ángel Pestaña defendió las tesis del sindicalismo revolucionario en todo tipo de espacios. Por ejemplo, el 19 de diciembre de 1931, realizó una conferencia en el Ateneo de Madrid,[32] Pestaña analizó la crisis económica internacional del momento y propuso como alternativa sistémica el sindicalismo.

> Hace la hipótesis de que un movimiento popular consiguiera destruir el Poder del Estado. Entonces los Comités de fábrica,[33] con los técnicos de cada fábrica, seguirán manteniendo la actividad en ellos. Y esto se haría igualmente en todos los talleres, campos, minas, almacenes, etc.
>
> Posteriormente, la Federación local de sindicatos se relacionará a través de las localidades, y así se articula toda la vida de

---

32. El Trabajo, 02/01/1932, p. 3

33. Hagamos notar que los comités de fábrica en esos contextos son equivalentes a las actuales secciones sindicales que tienen los sindicatos en las empresas.

producción nacional. Y en lo que atañe a la distribución, podrá hacerla "la Cooperativa", que substuiría al actual comercio. Cuantas objeciones se hicieran a esta estructuración de la sociedad de productores, pueden ser contestadas satisfactoriamente. El sindicalismo tiene sus pilares: El Sindicato y la Cooperativa, unidos al Municipio.

Por su parte, Juan López presentó el esbozo del Consejo de Economía justo una semana antes del Pleno Regional de Sindicatos de Catalunya, de abril de 1932. En ese proyecto planteaba la creación de un nuevo organismo controlado por los sindicatos que antes de la revolución sirviese para estudiar las fórmulas administrativas de la sociedad, de las empresas, del comercio y del municipio. También debería encontrar la manera de repartir la riqueza y de plantear los medios apropiados de consumo individual y familiar. Ese mismo organismo serviría, una vez producida la revolución, para controlar el consumo, distribuir la riqueza y controlar los intercambios entre regiones. (Ver anexos).

Entre los escritos revolucionarios con mayor difusión estuvo el folleto *El Comunismo Libertario,* del médico anarquista Isaac Puente, publicado en 1932. En la estela de Besnard, su descripción fue tomada como referencia para todo el movimiento libertario. Podríamos decir que hasta el Congreso de Zaragoza de 1936 fue la descripción oficial de cómo debería ser el comunismo libertario.

El Comunismo Libertario es la organización de la sociedad sin Estado y sin propiedad particular. Para esto no hay necesidad de inventar nada ni de crear ningún organismo nuevo. Los núcleos de organización, alrededor de los cuales se organizará la vida económica futura, están ya presentes en la sociedad actual: son el sindicato y el municipio libres.

El sindicato, donde hoy se agrupan espontáneamente los obreros de las fábricas y de todas las explotaciones colectivistas.

Y el municipio libre, asamblea de antiguo abolengo, en el que espontáneamente también, se agrupan los vecinos de los pueblos y aldeas, y que ofrece cauce a la solución de todos los problemas de convivencia en el campo.

Ambos organismos, con normas federativas y democráticas, serán soberanos en sus decisiones, sin estar tutelados por ningún organismo superior, sino solamente obligados a confederarse entre sí, por coacción económica de los organismos de relación y de comunicación, constituidos en Federaciones de Industria. Estos organismos toman posesión colectiva o común de todo lo que hoy es de propiedad particular y regulan en cada localidad la producción y el consumo, es decir, la vida económica.

La asociación de las dos palabras (comunismo y libertario) indica también fusión de dos ideas: una colectivista, que tiende a producir un conjunto armónico por la contribución o cooperación de los individuos y sin menoscabo de su independencia; y la otra individualista, que quiere garantizar al individuo el respeto de su independencia. El obrero de la fábrica, del ferrocarril o del brazo, no pudiendo cumplir por sí mismo una obra completa, tienen precisión de agruparse con sus compañeros, tanto para la mejor ejecución de la obra, como para la defensa del interés individual. En cambio, el artesano y el obrero del campo pueden vivir independientemente y hasta bastarse a sí mismos, por lo que tienen una arraigada tendencia al individualismo. El Sindicato representa la necesidad de la organización colectivista, y el Municipio libre interpreta mejor el sentir individualista del campesino.[34]

Podemos observar cómo los elementos fundamentales de la sociedad comunista libertaria, según Isaac Puente, son el Municipio Libre y el Sindicato.

El Pleno Nacional de regionales de la FAI, celebrado en Madrid del 28 al 31 de octubre de 1933 quiso zanjar la descripción del comunismo libertario. Para ello se nombró una comisión formada por Higinio Noja Ruiz, por Levante; José María Martínez, por Asturias;

---

34. Puente, Isaac (2003 [1933]). *El comunismo libertario...* p.24.

Eusebi Carbó, por Cataluña y por Isaac Puente, por Norte.[35] Estos militantes fueron puliendo el texto de I. Puente añadiéndole nuevos aspectos.

En aquella misma época se publicaba en la prensa libertaria el libro *El Comunismo Libertario y el Régimen de Transición*, del holandés Christiaan Cornelissen. Si bien, el texto es demasiado vago respecto a las estructuras sociales, a las que llama "agrupaciones de individuos libres" u "organizaciones de trabajadores intelectuales y manuales sobre las cuales descansará la sociedad del porvenir en todos los países modernos", da por supuesto que el estado será sustituido por éstas.[36] La visión sindicalista de Besnard y Cornelissen fue apoyada por otras figuras del anarquismo ibérico, tales como Diego Abad de Santillán. Hubo otros proyectos, como el del comunalismo de Camilo Bernieri, el comunismo libertario de Higinio Noja Ruiz o la República Social y Federal de Joan Peiró, que veremos más adelante.

La insurrección anarquista de diciembre de 1933 estuvo precedida de numerosos mítines en los que se incitaba a las masas a ocupar los medios de producción. Para ejemplo este fragmento del mitin de Buenaventura Durruti a dos días de las elecciones del 19 de noviembre de 1933, que podemos percibir como premonitorio de lo que ocurriría en 1936:

> La FAI aconseja a los obreros de la CNT puesto que la CNT controla las fábricas y lugares de producción, que no abandonen su puesto; que permanezcan al pie de la maquinaria, que en caso de intento de dictadura o de pronunciamiento militar, se responda en toda línea, con energía, como se debe. Ojo avizor los Comités técnicos y de fábrica. Un consejo a los faístas, también: Vuestro puesto está más allá de la fábrica. Acordémonos de Italia. Una acción complementaria es indispensable. Frente al fascismo de Gil Robles, frente a cual-

---

35. Gómez Casas, Juan (2002). *Historia de la FAI*. 3ª ed. FAL. p. 168

36. Cornelissen, Christiaan (1933). *El comunismo libertario...* p. 61-62.

quier intentona militar o de otro carácter, los obreros deben inmediatamente posesionarse de las fábricas. Los hombres de la FAI irán a otros sitios para completar la revolución iniciada con la toma de los medios de la producción.[37]

Por su parte, el ala moderada o treintista del anarcosindicalismo, la Federación Sindicalista Libertaria, en su Congreso de julio de 1934, también defendía que el Sindicato era el elemento central de la sociedad post-revolucionaria para construir una sociedad comunista libertaria – cuyas características no definieron. El Sindicato era el organismo que podría sustituir al estado burgués. En el Congreso se acuñó el lema de "Todo el poder a los Sindicatos".

Economía en general

Producción Industrial

Al derrocar el régimen capitalista conforme al ideario del sindicalismo federal, toda la producción nacional en sus diferentes aspectos de industria pasará a poder de la colectividad, así como los útiles de trabajo. Las Federaciones de Industria coordinarán las formas de producción. Para ello cada industria contará con una Federación Nacional que agrupará a los Sindicatos a ella afectos por la índole del trabajo. Se constituiría un Consejo técnico económico del trabajo con carácter nacional que habrá de asesorar necesariamente a las Federaciones Nacionales de Industria, al objeto de que la producción se realice conforme a las necesidades de la colectividad y con arreglo al tecnicismo más depurado.

Producción Agrícola

El Sindicalismo Revolucionario va, en el orden agrícola, a la supresión total de la propiedad privada, encargándose de su explotación los sindicatos agrícolas. La Federación Nacional de Agricultura, representada por los Comités de Granja, Sin-

---

37. Solidaridad Obrera, 17/11/1933, p. 3

dicatos agrícolas y federaciones regionales de Agricultura, coordinará la forma de producción asesorada por un Consejo Agronómico de carácter nacional y regional con objeto de imprimir a la producción agrícola el mayor rendimiento y la mejor calidad en los productos.

Distribución en general

La Federación Nacional de Distribución, organismo regionales y locales será la encargada de la distribución de los productos con arreglo de las necesidades de cada región y localidad y teniendo en cuenta la producción nacional e igualmente la exportación e importación. Para ello tendrá contacto directo con los Consejos económicos del trabajo y con los Consejos Agronómicos, para regular la distribución con arreglo a la producción. También estará en relación con los municipios organismos regionales y nacional.

En el orden sindical

El sindicato será el organismo en el cual todos los productores manuales y técnicos unirán sus esfuerzos en beneficio de la colectividad, ateniéndose siempre a la ley de mayorías, poniendo a su alcance los conocimientos necesarios para enfocar los problemas, cuyo asesoramiento partirá del Consejo técnico económico regional si el Sindicato es agrícola. Los sindicatos tendrán autonomía siempre que con sus decisiones no se perjudique a la colectividad, en cuyo caso los organismos técnicos económicos y agronómicos recurrirán ante la Federación Nacional de Industria que le afecte para anular las decisiones de un Sindicato cualquiera que pudieran ser lesivas para la colectividad o para el desenvolvimiento económico de la revolución.

Organización Social

En el orden local el Municipio tendrá a su cargo la educación, la asistencia social, la salud pública, la estadística en general, las obras públicas, la conservación de inmuebles, monumentos artísticos, la vivienda, la seguridad colectiva e individual mediante medios adecuados, aplicados a los que atentaren contra la colectividad o el individuo, directa e indirectamente. En el orden regional, la Federación Regional de Municipios, tendrá a su cargo la conservación de las comunicaciones terrestres, carreteras y caminos vecinales, circuitos, etc., sanidad, etc.; y además cumplirá y hará cumplir los acuerdos de carácter nacional y regional tomados en los comicios respectivos. La Confederación Nacional de Municipios será la célula social por excelencia, a su cargo estarán las medidas preventivas de carácter nacional sobre asistencia social, obras públicas, salud pública, seguridad colectiva, etc., etc., Los Municipios y las Regionales y Nacional tendrán contacto directo con los Consejos agrónomos y técnicos para el asesoramiento preciso en determinadas actividades y con la Federación de distribución para las necesidades en general de cada localidad.

En el orden general nacional

La Confederación Social del Trabajo será el organismo que controlará todas las actividades de la colectividad en general y ahora cumplir inexorable todos los acuerdos recalcados en los Comicios nacionales. Velará por la defensa de la revolución con los medios precisos para ello, tanto en el interior como en el exterior, si preciso fuera. Sostendrá las relaciones precisas de carácter y tendrá representantes directos en la Confederación Nacional de Municipios y en los Consejos agronómicos y técnicos de tipo nacional. El Comité Nacional de la Confederación Social estará compuesto por representantes de los organismos nacionales siguientes: Consejo técnico, Consejo agronómico, Confederación de Municipios y Federación de distribución.[38]

Como podemos observar, la revolución, si se hubiese producido como la planteaba la FSL, desembocaría en una estructura superior: la Confederación Social del Trabajo, que sería la administración pública que sustituiría al estado. Sin embargo, este objetivo finalista chocaba con el objetivo inmediato que era construir la Alianza Obrera. Para esta alianza, que se hacía con otras fuerzas políticas, la FSL tenía el horizonte de crear una república federal, en la que cada sector del campo revolucionario pudiese construir socialmente los territorios que dominaba según su ideología. Por tanto, en las zonas de predominio socialista, la sociedad resultante sería de ese tipo, mientras que en las zonas de predominio libertario se podría instaurar el comunismo anarquista. Aunque de forma breve, algo similar a este escenario se conformó en Asturias, durante los días en los que funcionó la Comuna asturiana de Octubre de 1934.

Precisamente, tras el Octubre asturiano, los autores socialistas, comunistas y anarquistas quisieron encontrar en estas experiencias tan rudimentarias de sociedad revolucionaria una constatación de sus concepciones políticas particulares. Así, el libertario Solano Palacios hablaba de un "proceso evidente de comunismo libertario", mientras que el comunista Carlos Vega lo veía como la creación de soviets y un "ejército rojo".[39]

En cambio, otros sectores del anarquismo, más próximos a las tesis individualistas, como la familia Urales, prefirieron desarrollar la idea del municipio libre. Para Federico Urales el municipio debería ser lo más autosuficiente posible y los pactos deberían ser municipio a municipio y de región a región solamente para cubrir las

---

38. Las actas del Congreso de la FSL fueron publicadas en el semanario Sindicalismo, números 73, 74 y 75, de julio de 1934. Consultadas en Cedall.org

39. Taibo II, Paco (1980), Tomo 2: 81

necesidades. Urales era reacio al sindicalismo, puesto que el poder podría permanecer en los comités. [40]

Otro de los autores de relevancia de este periodo fue Diego Abad de Santillán. En 1935 escribió un libro titulado *El organismo económico de la revolución*, que se puso en circulación en los primeros meses de 1936. Su obra fue el marco seguido, a grandes rasgos, por los planes económicos de la CNT durante la guerra. Tal era así, que la editorial Tierra y Libertad lo anunciaba como "el libro que todos esperamos". Seguía un esquema federal, de abajo a arriba, típico del movimiento anarquista:

> [...] hemos partido de la célula primaria, el obrero, el campesino, el minero, el pescador, el hombre; pasamos por la primera agrupación de células, unidas por la función similar en el mismo lugar de trabajo, el Consejo de fábrica, de granja, de nave, de mina, etc. Encontramos luego asociaciones de esas primeras colonias laboriosas en los Sindicatos o Secciones, por fin en los Consejos de ramo, donde se concentran todos los esfuerzos que llevan a cabo una función económica completa; hemos visto cómo esos Consejos de ramo se federan en el Consejo local de la economía y cómo la otra de sus bifurcaciones se liga a las Federaciones Nacionales de los Consejos de ramo; por intermedio de los Consejos de la economía, el trabajo cobra unidad y organicidad en el orden local, luego en el regional, con los Consejos regionales de economía, y por fin en el país entero, con el Consejo federal de la economía, formado por delegaciones de los Consejos regionales.[41]

Todas estas ideas de cómo tendría que ser la sociedad libertaria fueron plasmadas en un documento en el Congreso de Zaragoza en mayo de 1936 que celebró la CNT. En Zaragoza se adoptó la *Declaración del Concepto Confederal del Comunismo Libertario* que se basaba en las ideas esbozadas por Isaac Puente.

---

40. Gómez Casas, Juan (2002). Op. Cit. pp. 181-182

41. Santillán, 1978 [1935]: 250.

En cuanto a las características fundamentales de la Declaración estaban la abolición de la propiedad privada y el establecimiento de comunas como elementos esenciales para construir la nueva sociedad. Sin embargo, las delegaciones del Congreso sí que quisieron precisar los detalles.

> Los elementos constitutivos de este campo serían: las unidades productivas de base (fábricas, talleres, minas, etc.), los consejos locales de economía que asumirían la función de coordinar la economía en el nivel local, las federaciones de industria a nivel regional, nacional e internacional si fuese necesario. No hay duda que, efectuado el cambio revolucionario y abolida la propiedad privada y el Estado, el principio de autoridad y, por consiguiente, las clases que dividen a los hombres en explotados y explotadores como se dice en la ponencia del Congreso de Zaragoza los trabajadores se incautarán de las unidades productivas de base, y procederán a hacer balance de maquinarias y materias primas y de cuantos datos estadísticos interesen a los consejos locales de economía.
>
> A partir de este momento, los centros de producción crearán sus consejos técnico-administrativos, nombrados en asamblea general y procederán a reestructurarse de acuerdo con las necesidades de cada grupo y posteriormente con las necesidades locales de cada industria. De estas necesidades los trabajadores deducirían las decisiones a tomar desde el punto de vista estructural, decidiendo en cada caso el tipo y dimensión de la unidad productiva procediéndose con criterios racionales que superen las estructuras inoperantes por reducidas, como ya se hiciera en Barcelona durante el proceso revolucionario y también en otros sectores de la España revolucionaria. De igual modo procedería corregir la gigantesca concentración industrial de nuestros días, descentralizándose los grandes conglomerados para adaptarlos a las conveniencias reales y a las posibilidades del entorno, con ayuda de los adelantos tecnológicos.

A niveles regionales y nacional, la federación de industria cumpliría las funciones de coordinación correspondiente a sus niveles, resolviendo los desajustes dentro del ramo y el aprovisionamiento de materias primas. La planificación industrial por ramas se llevaría a cabo en los congresos a los diferentes niveles y se tendrían en cuenta tanto los datos estadísticos de la industria como los suministrados por los consejos de economía regionales o nacional en relación con el estado general económico y las exigencias de éste.

Algunas industrias, como enseñanza, transporte, construcción, gastronomía y otras, escaparían probablemente a la planeación económica en aquellos aspectos relativos a los ámbitos locales o comunales, por afectar ya no sólo a los trabajadores, sino esencialmente a los ciudadanos como tales. Lo más probable es que cada comuna o municipio tendrá ideas propias sobre la organización de determinados servicios como el transporte, la enseñanza y otros. En cuanto a la construcción, en este caso, urbanismo, es de prever que las comunas tendrían buen cuidado en elegir el tipo de construcciones o viviendas adecuados al respectivo ámbito geográfico, al carácter del paisaje o al temperamento artístico y creativo de cada comuna. En todos estos casos decidiría la propia comuna, recurriendo a los medios técnicos del propio organismo local de la construcción, Esto ofrecería la posibilidad de una menor centralización de este ramo y de otros, que sólo tendrían que resolver en ámbitos geográficos superiores el problema de las materias primas. Repetimos que todas estas líneas generales tienen sólo un valor indicativo.[42]

Por resumir lo citado, cada centro de producción industrial dispondría un consejo técnico-administrativo nombrado por la plantilla de la empresa en asamblea general. Este consejo se debería

---

42. Concepto Confederal del Comunismo Libertario. CNT. https://www.cnt.es/noticias/concepto-confederal-del-comunismo-libertario/

coordinar con otros a través de las federaciones de industria, que estructuraban la economía en ramos de producción. Algunos sectores tales como la enseñanza, el transporte, la construcción, entre otras, escaparían a la planificación general industrial y estarían más vinculadas a los ámbitos locales o comunales.

El punto básico, como se ha dicho, era la Comuna, que tendría que confederarse a gran escala en una Confederación Ibérica de Comunas Autónomas Libertarias. Esta confederación, por tanto, sería el organismo que sustituiría al estado a efectos administrativos. La Comuna era la encargada de tratar los asuntos de la vida diaria de forma democrática, de abajo a arriba, siempre teniendo en cuenta los intereses de los afectados.

En cuanto a la distribución, el Congreso de Zaragoza no aceptó el concepto kropotkiniano de "la toma del montón". En cambio, apostó por una carta del productor y del consumidor que tendrían que gestionar las comunas mediante bonos de adquisición. Cabe notar que no mencionaban la figura de la cooperativa. Las cooperativas no serían aceptadas como elemento central de la sociedad hasta la guerra.

Entre los críticos de esta Declaración del Comunismo Libertario estuvo Abad de Santillán, quien publicó en prensa varios artículos poniendo su acento en la necesidad de una planificación y una coordinación acordes con la complejidad de la vida económica y para el desarrollo de las fuerzas productivas. Era probable que su libro no llegase a tiempo para ser tenido en cuenta por los sindicatos. Santillán llegó a decir que el Congreso había aprobado una Declaración que confundía el comunismo con el comunalismo.

> [Sobre la Declaración del Comunismo Libertario] Nos habla de todo, y en parte con exceso de detalles, menos de la organización del trabajo. Hay en el dictamen emitido exceso de declamaciones y un cúmulo de contradicciones y de obscuridades que no esperábamos. Debiendo haber significado la parte mejor y la más práctica del Congreso, ha resultado la concepción más pobre e insostenible. Se habla de la familia,

de la delincuencia, de los celos, del desnudismo y de otras muchas cosas, pero apenas se descubren algunas palabras sobre el trabajo, sobre los lugares de trabajo, sobre la organización de la producción.[43]

OTRAS APROXIMACIONES AL CONTROL OBRERO Y LA PLANIFICACIÓN

Ahora echemos un vistazo al concepto de revolución que tenía el marxismo español. Hasta la Revolución Rusa, se tenía como referente de estado obrero la Comuna de París de 1871. Marx y Engels consideraron la Comuna como un ejemplo de dictadura del proletariado, o régimen transicional hacia la sociedad comunista. En este periodo se necesitaba derrotar a la burguesía utilizando un nuevo estado controlado por las fuerzas revolucionarias. El estado solamente desaparecería tras la definitiva implantación de la sociedad comunista, la sociedad sin clases.[44]

En la Revolución Rusa de 1917 vieron su aparición unos organismos de poder obrero, los *soviets*, que controlaban tanto la vida política, social y economía de su territorio. El Soviet, constituido por delegados de las fábricas y de los batallones militares, tenía todo el poder en su localidad. Este fue el modelo a seguir en España por partidos como el BOC,[45] y más tarde por el POUM,[46] que siempre fue muy crítico con el anarquismo y el anarcosindicalismo, a los que consideraba tendencias burguesas del socialismo. Para este sector,

---

43. Abad de Santillán, D. A. *Comunalismo y Comunismo*. Tiempos Nuevos, n.261, 01/06/1936, pp. 5-9

44. Rubira, 2017: 76-77

45. El Bloque Obrero y Campesino fue un partido fundado en 1931 a partir de una escisión del Partido Comunista: la de la sección de Catalunya y Baleares del PCE. Más adelante el BOC se desarrolló en otros puntos de España.

46. Partido Obrero de Unificación Marxista, fundado en 1935 a partir de la confluencia de varios partidos, entre ellos el BOC de Joaquim Maurin y la Izquierda Comunista de Andreu Nin.

la declaración comunista libertaria del Congreso de Zaragoza, era una proclama confusionista e ilusa. El POUM tuvo una propuesta, desarrollada durante la guerra, para la reconstrucción socialista de España en base federal, respetando la autodeterminación de los pueblos: la Unión de Repúblicas Socialistas Ibéricas.

Sin embargo, en la Unión Soviética, el estalinismo había tomado el control del Partido Comunista y del estado socialista ruso en 1927. A partir de entonces el estado ruso, en tanto órgano social, en lugar de desaparecer se vio extraordinariamente reforzado y se convirtió en un mecanismo de dominación política. Toda la economía quedó bajo el control estatal siguiendo unos planes quinquenales de reconstrucción y modernización de aquel enorme país de países. Estas bases de control autoritario se habían colocado previamente al ascenso de Stalin, mediante la militarización de la producción industrial y del campo.[47] Fue este el sistema económico-social elegido por el PCE y el PSUC[48], partidos que pertenecían a la Internacional Comunista.

Respecto al PSOE, llegó a 1931 entendiendo la república como una revolución democrático-burguesa que había que consolidar a toda costa para impedir la vuelta de la monarquía. Por ello mantuvo la alianza con los partidos republicanos. Sin embargo, en el seno del socialismo abundaban las declaraciones revolucionarias, comenzando por el mismo Francisco Largo Caballero, líder de la Unión General de Trabajadores, UGT.[49]

Hacia octubre de 1931, Largo Caballero, por entonces Ministro de Trabajo, redactó un proyecto de ley en el que se reconocía el derecho de la clase obrera —delegando en sus representantes sindicales— a inspeccionar los libros de cuentas de la empresa, así como a

---

47. Rubira, 2017: 103

48. Respectivamente son el Partido Comunista de España y el Partit Socialista Unificat de Catalunya. El primero fue fundado en 1921, como escisión del PSOE. El segundo se fundó en los primeros días de la Guerra Civil.

49. "Entrevista a Largo Caballero". El Socialista, 25/11/1931, p. 1

vigilar todas las acciones de la dirección, entre ellas las más diversas ventas, compras, los ingresos y gastos. Este ambicioso proyecto de ley, llamado "de control obrero", fue boicoteado por la patronal, que logró que no llegase a las Cortes.[50] Por entonces, había otros países con proyectos similares, francamente impensables hoy en día. Sin embargo, hay que decir, que ni la CNT ni la UGT mostraron demasiado entusiasmo por implantar un control obrero de esta forma.

A lo largo de los años treinta, buena parte del PSOE se fue radicalizando, llegando a 1934 con el apoyo de las posturas revolucionarias en la mayoría de la UGT (especialmente en el campo) y en las Juventudes Socialistas. Posturas que, por entonces, defendía el propio Largo Caballero, aunque fuese de forma verbal. Este sector más radicalizado aceptaba la Alianza Obrera y se convirtió en el referente revolucionario para las masas. El giro hacia la revolución que hizo el PSOE en 1934 es producto de la radicalización del proletariado industrial y del campesinado. En aquellos momentos arraigaron en sectores del Partido Socialista planteamientos bolchevizantes que preconizaban la necesidad de movilizar las masas a nivel estatal, armar el proletariado y derribar el gobierno de derechas para instalar uno de la Alianza Obrera. Esto llevó al socialismo a encabezar la Huelga General del 5 de Octubre de 1934, el principal conflicto revolucionario del período republicano.

Tras la Revolución de Octubre del 34 el partido se dividió en dos líneas fundamentales. Una, la centrista, encabezada por Julián Besteiro e Indalecio Prieto, recibió fuertes presiones de la burguesía liberal para reacomodarse a una acción política democrática. La segunda, encabezada por Largo Caballero, permanecía en posiciones revolucionarias, y buscaba profundizar alianzas con los demás sectores marxistas revolucionarios. De ahí que estos ganaran cierta influencia entre el sector largocaballerista y el comunismo pro-soviético acabara absorbiendo buena parte de sus juventudes. Largo

50. Bengoechea, Soledad. *La patronal toma el projecte de control obrer de Largo Caballero*. Ser Histórico. 25/072023 https://serhistorico.net/2023/07/25/la-patronal-tomba-el-projecte-de-control-obrer-de-largo-caballero/

Caballero incluso defendió las tácticas revolucionarias, como la nacionalización de la banca,[51] por ejemplo, en la campaña electoral de enero de 1936, o la nacionalización de la tierra en marzo de 1936.[52]

El giro de la Internacional Comunista hacia la estrategia de los Frentes Populares en 1935, como hemos visto en Francia, facilitó el entendimiento entre los partidos comunistas y socialistas.

No podríamos dejar de mencionar en estos estudios la perspectiva republicana que, entre otros, representó Pascual Carrión.[53] En su obra *Los latifundios en España* (1932), Carrión expuso los problemas de la agricultura española, poniendo énfasis en los latifundios. Elaboró un plan de reformas de la agricultura que, de realizarse, debería permitir que la república se afianzase. Comenzó con la cuestión campesina y de la tierra, pero su programa se propuso abarcar otras áreas, como la reforma tributaria y arancelaria. Pretendía garantizar un "desarrollo armónico" que tuviese de base la agricultura. La función del nuevo régimen, la república, era la de "coordinar los esfuerzos de los agricultores, industriales, comerciantes y banqueros".[54]

LAS ESTRUCTURAS INTERNAS DE LA CNT

Todas estas aproximaciones teóricas serían papel mojado sin unas organizaciones que lo pudiesen poner en práctica. Como hemos ido viendo, el sindicalismo tenía un peso relevante en la España de los años treinta. Fueron los sindicatos los encargados de preparar a la

---

51. Rubira, 2017: 392

52. Rubira, 2017: 414

53. Pascual Carrión se ocupó de la Dirección General de Agricultura y Montes durante la Monarquía. En 1931 publicó *La Reforma Agraria. Problemas fundamentales*. Más tarde participó en el proyecto de Reforma Agraria junto a Blas Infante, J. Díaz del Moral y Bernardo Quirós. La Reforma se aprobó el 21 de julio de 1931 pero nunca pudo llevarse a cabo. Durante aquellos años participó en candidaturas republicanas federalistas y andalucistas.

54. Paniagua, 1975: pp. 433-435

militancia para llevar a cabo la autogestión, lo que veremos en las próximas páginas.

De abajo arriba, la CNT utilizaba los comités de barriada como base territorial a la par que los delegados de fábrica o sección. Las funciones y características de ambos organismos fueron reguladas en el Congreso de Sants de 1918.[55]

Los comités de barriada tenían una función de agitación y propaganda y servían para tener control de las secciones sindicales en el territorio, así como para proveerles de apoyo solidario. El intercambio de información era constante. En momentos de ilegalidad cobraban importancia, y podían llegar a sustituir las funciones de los sindicatos. En buena medida fueron el embrión de los comités de defensa confederal.

En cambio, los comités de taller o comités de fábrica, estaban formados por delegados del sindicato en cada sección de la empresa. Entre todos los delegados formaban el comité. Su función era organizativa y reivindicativa, y estaban a la cabeza de las huelgas. Otro cargo importante era el delegado sindical de empresa. En un inicio tenía como función cobrar las cuotas, pero, al ser personal externo a ellas, también podía negociar con la empresa desde fuera y hacer respetar las condiciones de trabajo. Todos estos comités formaron un tupido entramado que preparó a los trabajadores para los futuros comités de empresa y comités obreros de control. Estos comités se pusieron a punto en el Congreso de Madrid de 1931. Se entendía, como hemos visto, que la revolución estaba cerca y era necesario contar con algún tipo de organismo que pudiese expropiar las empresas.

Por encima de estos comités, en la estructura sindicalista, estaba el Sindicato Único. Cada sindicato tenía una Junta compuesta por representantes de las distintas secciones en las empresas. El sindicato utilizaba los delegados sindicales para relacionarse con las secciones. Las Juntas se renovaban cada pocos meses y la rotación era muy alta.

---

55. Monjo, 2003: pp. 123-135

Por encima de los sindicatos estaba la Federación Local de Sindicatos Únicos. Su organismo administrador era el Comité Local. Y como con las juntas sindicales, su función era la de relacionar los sindicatos entre sí, así como diversas funciones administrativas. En este caso, hay que destacar ya la existencia de cargos en el comité que se encargaban de la estadística. Su función era estar al tanto de las cuestiones económicas generales y de tener datos reales de la correlación de fuerzas en la que se encontraban los sindicatos.

En un escalafón superior se encontraba el Comité Regional. Para los años treinta los comités regionales pasaron a tener dieciocho componentes, que se repartían los cargos. El mismo comité elegía el secretario, el vicesecretario y el tesorero. En este caso los vocales se dividían para gestionar las relaciones exteriores, el comité pro-presos y la estadística. De nuevo observemos la importancia que le daba la Confederación a esa tarea.

Una muestra de ello fue un cuestionario enviado a los sindicatos de Catalunya en 1932. En él, además de la afiliación de los sindicatos de la Confederación y la estimación de los números del resto de fuerzas sindicales o políticas de la localidad, se preguntaba por la producción agrícola e industrial. Respecto a la producción agrícola se preguntaba sobre el tipo de cultivo, las características de los terrenos, los abonos, la exportación, el comercio y la relación de productos de primera necesidad que requería la población para subsistir. Algunos sindicatos se extendían en explicaciones sobre la sociología de su pueblo o comarca, sobre las vías de transporte o sobre la tenencia de los montes.[56] Se puede comprobar que por entonces tenían clara la idea de que hacer una revolución no sólo consistía un golpe de fuerza audaz, sino también en cubrir las necesidades económicas de la población.

---

56. Ver Cuestionarios con datos sobre las Federaciones Comarcales de Vendrell, Alto y Bajo Privato, Aber y Presser, San Feliu de Guixols, Puigcerda, Valles, Litoral, Tortosa, Gandesarra, Villafranca y Alto Llobregat. Carpeta 93B.2.3. Fondo CNT (España). Archivo de Ámsterdam, IISH.

Por último, tenían el Comité Nacional, que era nombrado por las distintas regionales de la CNT. En el caso de los años treinta, el Comité Nacional residió todo el tiempo en Barcelona, hasta la guerra. Allí convivía con el Comité Regional de Catalunya y con la Federación Local de Barcelona. Los cargos, a menudo, iban de un comité a otro.

El colectivismo industrial en Catalunya

El golpe militar trastocó severamente toda la economía de España. Las organizaciones sindicales llamaron inmediatamente a la huelga general. Toda la militancia estaba convocada para contener el levantamiento militar.

Uno de los lugares en donde esto se hizo notar fue en los transportes, que nos servirán de ejemplo. En los Ferrocarriles Catalanes, el día 19 de julio, el inspector dio la orden de paralizar todos los servicios en toda la línea y que los jefes de estación quedasen de guardia esperando nuevas instrucciones. Al día siguiente, los jefes de las distintas estaciones de la línea hablaron por teléfono entre sí. Constataron que el director había desaparecido. Los ferroviarios de Manresa dijeron que tenían a su disposición el Teatro Conservatorio de esa ciudad y que podrían acoger una asamblea general.

El día 22 se celebró la asamblea en ese lugar, presidida por el cenetista Emiliano Martínez Espinosa.[57] Se habían reunido unos 1.100 trabajadores de la compañía, llegados en dos trenes. Martínez Espinosa planteó que para hacer funcionar las máquinas no se necesitan directores, y propuso la colectivización de la compañía. Seguidamente habló el presidente del sector de la UGT, afirmando que también estaban de acuerdo con la colectivización. A continuación, se redactó un reglamento y se formó un consejo de empresa de tres delegados que sustituiría al director. En ese ambiente de fervor y entusiasmo, el día 23 el ferrocarril volvió a funcionar con normalidad.

----

57. Martínez Espinosa, Emilià (1982). *Les col·lectivitzacions durant la Guerra Civil Española. Com es va portar a terme la col·lectivització dels Ferrocarrils de la Generalitat.* Associació Memòria i Història de Manresa. Consultado el 15/04/2023 en https://www.memoria.cat/les-collectivitzacions-durant-la-guerra-civil-del-1936/

Aprovechando las paradas de los trenes en las estaciones, los militantes más implicados en esta colectivización, como el propio Martínez Espinosa, le explicaban el proceso a otros trabajadores que los escuchaban atentos y, así, este modelo se repitió en otras empresas.[58]

Otro caso distinto fue el de las empresas metalúrgicas de Barcelona, que fueron ocupadas por los trabajadores para iniciar una producción bélica en una fecha tan temprana como el 21 de julio. De esta formar, los primeros seis blindados (en la práctica, camiones protegidos por chapas metálicas) le fueron presentados al Comité Central de Milicias el 27 de julio.[59]

Conforme se desconvocó la huelga general, el 28 de julio, pronto otras empresas como Cementos Asland, los Tranvías de Barcelona o Carbones de Berga, por poner unos pocos ejemplos, decidieron su colectivización. Todas ellas fueron aceptadas por la Generalitat a los pocos días.[60] En otros casos simplemente se formó un comité obrero provisional que se hizo cargo de la dirección para seguir con la producción, sin pretender reclamar la propiedad de la empresa.

Los sindicatos impusieron que todo el mundo siguiera en sus mismos puestos de trabajo. Era vital recuperar la actividad económica. En lugar de esperar que se dictasen órdenes desde las administraciones estatales fueron las bases obreras las que impulsaron la incautación de empresas para colectivizarlas. Al no existir un plan al respecto – la CNT no lo propuso – todo se desarrolló bajo un carácter espontáneo.

Esta espontaneidad, implica que no se seguían directrices de ninguna organización y, por el contrario, fueron las secciones de ramo

---

58. Ídem.

59. Aymerich, 2008: 224

60. El DOGC del 18 de agosto de 1936 da la orden de intervención de la Casa Elizalde SA, el Instituto de Economía Americana, Industria Cros SA de Lleida, La Maquinista Terrestre y Marítima, Minerales y Productos Químicos de Exportación SA, Ferrocarriles de Guardiola del Berguedà a Castellar de n'Hug y Cementos Asland, además de cuatro fábricas metalúrgicas que serían dedicadas a la industria bélica.

y fábrica las que pusieron en marcha, por su cuenta, estas ideas que ya tenían integradas. Gran parte de esas ideas favorables a la colectivización eran fruto de la propaganda y la formación libertaria, aunque también pesaba el contexto. Sin embargo, la aceptación final de estas colectivizaciones siempre dependió de la decisión de los trabajadores.[61] La ocupación y expropiación de las fábricas cuyos directores o técnicos habían desaparecido se veía una salida completamente lógica.

Otra muestra de esta espontaneidad creativa y resolutiva la dieron los numerosos comités de abastos que alimentaron Barcelona. Para ello se requisaron restaurantes y almacenes y cada barrio creó sus propios comités dependientes a su vez del Sindicato Único del Ramo de la Alimentación.

> La primera y más importante tarea era ahora abastecer de alimentos a la ciudad de millones de personas. Esta tarea fue asumida por el sindicato de la industria alimentaria. Durante catorce días, los barceloneses vivieron sin dinero. La población era alimentada gratuitamente en comedores públicos por los sindicatos. El sindicato de la industria alimentaria compró los alimentos necesarios y pagó con vales, que luego fueron canjeados por el comité de milicias antifascistas. Según la decisión del comité de la milicia, los días de huelga se pagaron como días laborales.[62]

APRECIACIONES POLÍTICAS

Según el presidente de la República, Manuel Azaña, el Gobierno no podía hacer nada respecto a la situación revolucionaria puesto que no contaba con suficientes fuerzas para reprimirla. Además, de haberlo intentado, dada la situación, era bastante probable que el pue-

---

61. Castells, 1993: 20

62. Souchy, A. (1969) en *La Colectivización en Cataluña*. Referenciado en Libértamen el 14/09/2023: https://libertamen.wordpress.com/2022/06/02/la-colectivizacion-en-cataluna-noche-sobre-espana-guerra-civil-y-revolucion-en-espana-1969-augustin-souchy/

blo hubiese considerado a las fuerzas del orden como enemigas. Así que el Gobierno hizo lo único que podía hacer: aceptar la revolución y tratar de integrarla dentro del aparato legal primero, para tratar de controlarla más adelante.[63]

Lluís Companys se encontró con una situación similar en Catalunya. Las masas anarcosindicalistas tenían el control de la calle. El 20 de julio, Companys hizo llamar a una delegación de la CNT-FAI al Palacio de la Generalitat y reconoció su protagonismo en la derrota del fascismo y les indicó que en aquellos momentos toda Catalunya era suya. Sin embargo, les recordaba que el golpe de estado había triunfado en algunas ciudades y que la situación era incierta. Companys les proponía la creación de un Comité de Milicias Antifascistas (CCMA), como fórmula de colaboración entre las fuerzas que se habían encontrado en la calle combatiendo en el mismo bando.

Los delegados cenetistas no quisieron tomar ninguna decisión, ya que le correspondía al Comité Regional tomarla, que debería ser convocado a continuación. El Pleno, celebrado al día siguiente, aceptó la propuesta y, ese mismo día le comunicaron a Companys que la CNT aceptaba incorporarse al Comité de Milicias.[64] El día 21 apareció en el DOGC la creación de las milicias antifascistas que dirigiría el Comité Central de Milicias. Asimismo, se aprobaba la creación de Comités Locales Antifascistas con la misión lapidaria de "aniquilar el fascismo" por todos los medios posibles.[65]

La CNT aceptó mantener el Gobierno de la Generalitat intacto, a la espera de acontecimientos. La prioridad absoluta era el aplastamiento del fascismo. Ese fue el sentir general de los sindicatos, que votaron casi unánimemente por la colaboración con el resto de fuerzas antifascistas. Sin embargo, la propuesta iba más allá, matiz que no siempre ha sido tenido en cuenta.

---

63. La opinión de Azaña se puede ver en Joan Estruch (1978), *Historia del PCE 1 (1920-1939)*. Una síntesis histórica que constituye la primera aproximación crítica a la historia del PCE. El Viejo Topo. p. 102

64. Guillamón, 2007: 46-48

65. DOGC, 21 de julio de 1936, pp.1-2.

Si García Oliver había propuesto "ir a por el todo", lo que equivaldría tomar el poder, y Abad de Santillán y Federica Montseny habían propuesto la colaboración antifascista, la elección final de los sindicatos fue la propuesta de Manuel Escorza del Val: utilizar el Gobierno de la Generalitat para colectivizar el campo y socializar la industria, por lo que el sindicalismo se convertiría en la fuerza determinante de la nueva sociedad.[66] Consideraba que no se debía pactar con el Gobierno para nada, ya que el poder en realidad estaba en manos de la CNT-FAI.

> El Pleno optó por no ir a las realizaciones totalitarias ante el dilema de imponer su dictadura, anulando violentamente a todos los que junto a ella – militares, guardias de la fuerza armada y elementos de otros partidos – habían luchado y colaborado el 19 y el 20 de julio en el triunfo sobre las fuerzas sublevadas, dictadura que por otra parte sería ahogada por el exterior aunque se impusiese en el interior. El Pleno decidió la colaboración, y acordaba formar, con el solo voto en contra de la comarcal del [Bajo] Llobregat, junto con todos los partidos y organizaciones, el Comité de Milicias Antifascistas- A él mandó la CNT y la FAI sus representantes por resolución de dicho Pleno. [67]

Lo cierto es que la situación era revolucionaria, tal como se reconocía en el propio Comité Nacional, con sede en Madrid. El delegado de Catalunya, al informar sobre la situación catalana, afirmaba que la mayoría de la militancia estaba a favor de instaurar el

66. Besnard, Pierre. *La Economía política de la CNT*. Universo. Sociología, ciencia, Arte. Nº6. c. 1948 pp 20-24. Las actas del Pleno Regional de la CNT del 21 de julio desaparecieron tras la guerra. Conocemos lo que sucedió a través de las memorias de los militantes que asistieron, tal como la del propio García Oliver. Sin embargo, se acepta comúnmente ese relato de los hechos, que coincide con el que hacía el militante anarquista francés Pierre Besnard en los años 40, que copiaba la resolución puesta en el texto.

67. Paz, 2004: 504-505

comunismo libertario, dado el predominio de la Confederación. El delegado decía que si se tomaba Zaragoza:

> "entonces no habrá posibilidad de que la minoría sostenga como hasta aquí al grueso de la Organización. Irán, repite, a la instauración de nuestro ideario sin tener en cuenta las condiciones en que se desenvuelvan el resto de regionales."

El escrito prosigue,

> "Sanidad, Delegado del CN en Cataluña, menciona los diversos Plenos celebrados por esta Regional y termina afirmando que, en Cataluña hay un puñado de compañeros que sin tener en cuenta la situación de inferioridad de otras regionales, insisten en que debe irse a la implantación del Comunismo Libertario".[68]

El Comité Central de Milicias Antifascistas de Catalunya (CCMA) se formó con los mismos integrantes del Front d'Esquerres (el Frente Popular en Catalunya) más la CNT y la FAI. El anarcosindicalismo aceptaba una correlación de fuerzas que lo colocaba en minoría en el comité representativo de la situación revolucionaria. La composición del CCMA era de tres miembros de la CNT, la UGT y ERC, 2 de la FAI, y uno del POUM, otro del PSUC, otro de Acció Republicana de Catalunya y otro de Unió de Rabassaires. Las posiciones republicanas aparecen con nueve representantes y las revolucionarias con seis.[69]

La existencia del CCMA en Catalunya, tenía apariencia de ser una situación de doble poder. Sin embargo, nunca se materializó: entre julio y agosto, el impulso revolucionario no se convirtió en poder revolucionario.[70] Las memorias de los militantes revolucionarios más destacados, escritas décadas después de los hechos, así como los ac-

---

68. Acta de la reunión del Comité Nacional de la CNT. 29 de julio de 1936. 79B.1 Fondo CNT (España). IISH (Ámsterdam)

69. Rubira, 2017: 503

70. Balcells, 1996: 20

tuales autores de tendencia revolucionaria inciden en la oportunidad perdida que dejaron escapar los revolucionarios de entonces al
no unificar las nuevas estructuras de poder – los comités – para que
se constituyesen en alternativa al estado burgués republicano.[71]

Pero acabamos de ver más arriba que la propia CNT era plenamente consciente de que, aunque en Catalunya, tenían la mayoría,
en otras regiones no la tenían. Todo dependería de si podían tomar
Zaragoza, considerada el otro gran bastión del anarquismo ibérico.
De haberlo hecho se podría haber extendido la revolución libertaria
por otros territorios. Mientras tanto, la Confederación seguiría co-
laborando con el resto de las fuerzas antifascistas.

Lo cierto es que mientras existió, el CCMA no actuó como un
contrapoder respecto a la Generalitat, sino más bien como un organismo complementario que asumía competencias que hasta entonces no tenía el Gobierno de la Generalitat, como la Defensa y la
Seguridad interior. El CCMA dirigió las milicias populares catalanas en los primeros tiempos de la guerra y fue el embrión del Exèrcit
Popular de Catalunya, creado meses después.[72]

Sin embargo, la FAI no estaba conforme con la actuación del
CCMA y en el Pleno de Locales y Comarcales de Catalunya, celebrado el 17 de agosto acordó disolverlo para proceder a la creación
de distintos consejos para regir la vida política y social catalana:
Defensa, Abastos, Investigación, Orden Público, Cultura o el de
Economía que por entonces se acababa de crear. La CNT pretendía excluir de estos consejos a los partidos republicanos, y con la
excepción de ERC. La arquitectura institucional de estos consejos
también estaba prevista:

> "Los diversos consejos, constituirán un comité de relaciones
> que estará integrado por delegados de todos los organismos
> que los integran en la proporcionalidad que se establece. Di-

---

71. Rubira, 2017: 497

72. Esta exposición se puede leer en Berger, Gonzalo (2018). *Les milícies antifeixistes de Catalunya.*

cho comité se reunirá tantas veces como estime necesario y adoptará acuerdos."[73]

Podemos ver en esta propuesta una alternativa a la Generalitat. Sin embargo, esto no fue lo que tuvo lugar, puesto que el movimiento libertario aceptaría participar en el nuevo Gobierno de la Generalitat, creado a finales de septiembre. Una de las primeras medidas fue de carácter simbólico: cambiarle el nombre a Consell de la Generalitat.

En esta pugna entre concepciones políticas e ideológicas, se llegó a un consenso que aceptaron ambos sectores: la utilización de la palabra "colectivismo". Los marxistas se veían reflejados en el colectivismo soviético, que por entonces se estaba llevando a cabo en la Unión Soviética. Mientras que Juan P. Fábregas, tomando partido por el bando libertario, definió lo que él consideraba colectivismo:

> El "colectivismo" inspirado en las teorías marxistas, es el sistema económico socialista de los tiempos modernos, que consiste en convertir en propiedad colectiva todos los elementos de producción, distribuyendo la riqueza social entre todos los trabajadores en proporción al trabajo que realizan o al servicio que prestan.
>
> El "colectivismo" inspirado en las teorías libertarias, en cambio, es un sistema económico social que consiste en hacer de la propiedad colectiva todos los elementos de la producción, distribuyendo los beneficios de la riqueza social teniendo en cuenta las necesidades individuales de cada uno y no su capacidad de trabajo intelectual o manual.[74]

---

73. Dictamen del 'Pleno de locales y comarcales de Cataluña, celebrado el día 17 de agosto sobre la disolución del Comité de Milicias Antifascistas de Cataluña. CP-24.5 Fondo Federación Anarquista Ibérica. IISH (Ámsterdam).

74. CASTELLS DURAN, A. *El proceso estatizador en...*Op. Cit. P 18

El Consell d'Economia de la Generalitat

Ante la oleada de incautaciones, expropiaciones y colectivizaciones de empresa fue la Generalitat la primera que movió ficha. El 11 de agosto se aprobó la creación del *Consell d'Economia*, así como la *Comissió de la Indústria de Guerra*. Ambos organismos eran esenciales para regulación económica de Catalunya. En este caso hay que indicar que la CNT fue la impulsora de estos dos nuevos organismos desde el CCMA. Opinaban que, dado el carácter militar del CCMA, se necesitaban otros órganos de tipo económico. A pesar de ser otros organismos paralelos al propio CCMA y a la Generalitat, ésta última se los incorporó por decreto.[75]

El texto del decreto reconocía que el nuevo Consejo de Economía debería estar integrado por los partidos y sindicatos que habían derrotado al movimiento fascista en Catalunya y que debían hacer renacer la economía catalana. Este nuevo organismo estaría presidido por el "conseller" de Economía de la Generalitat, Josep Tarradellas, y estaba formado por tres vocales de ERC, CNT y UGT, dos de la FAI y uno de AC, UR, PSUC y POUM,[76] manteniendo la misma correlación del CCMA. En estos momentos tenían más fuerza los delegados revolucionarios de la CNT, FAI y POUM.

Las primeras tareas del Consell fueron las de trazar un plan económico para que las colectivizaciones no se quedaran estancadas ni aisladas. Por tanto, debían regular la producción, según las necesidades de la población. También debían establecer un monopolio del comercio exterior, colectivizar la gran propiedad agraria, reordenar y municipalizar la propiedad urbana, colectivizar la gran industria,

---

75. Aymerich, 2008: 226

76. BOGC, n. 227, 14/08/1936, p. 1050. Los consejeros eran: Martí Barrera i Maresma, Vicenç Bernardes i Blusà i Joan B. Soler i Bru per ERC; Ramon Peipoch i Pi per Acció Catalana Republicana y otros partidos de izquierda; Eusebi C. Carbó, Joan P. Fàbregas i Cosme Rofes por la CNT; Antoni G. Birlán i Diego A. de Santillán por la FAI; Joan Fronjosà i Salamó, Joan Grijalbo i Serres i Joaquim Puig i Pidemont por la UGT; Estanislau Ruiz i Ponseti por el PSUC y Andreu Nin por el POUM.

los servicios públicos y los transportes, cooperativizar la distribución, establecer un control obrero en las operaciones bancarias y un control sindical en el resto de industria privada que siguiera bajo régimen privado, así como establecer un impuesto único. Por último, esto se combinaba con un ambicioso plan de empleo para ocupar a los obreros en paro y la creación de nuevas industrias para producir los artículos que faltaban y que resultaban complicados de importar. En este aspecto también se combinaba con la creación de una industria de guerra catalana, hasta entonces inexistente.[77]

Un rápido análisis puede concluir que estamos ante un organismo revolucionario a pesar de su pertenencia formal a la Generalitat. Por ahora sus disposiciones y propuestas iban en la línea de la socialización de la economía. Esto era producto de la correlación de fuerzas del momento. Podemos hacer notar que se reconocía que la revolución era un fenómeno producido por la guerra y no por una acción ofensiva revolucionaria.

> [...] En España se está produciendo un fenómeno en el terreno económico, que lo podemos llamar socialismo de guerra. Los organismos sindicales controlan un crecido número de factorías y de centros industriales. En las grandes Empresas, fábricas y talleres, funcionan Comités que están integrados por los propios trabajadores. Estos discuten en las asambleas las disposiciones que han de ser tomadas para el fácil ejercicio de las tareas cotidianas.
>
> Esta mentalidad ordenadora se ha intensificado ante el cariz que toma la guerra civil que se ha desencadenado en nuestro suelo. Hace cosa de horas que se ha constituido un Consejo de Economía, que lo componen representantes de las diversas organizaciones que han coincidido en la lucha contra el fascismo y que están encuadradas por los representantes de la Generalidad.
>
> Sabemos por los primeros acuerdos que su misión es la de dirigir la producción. Para cumplir con los objetivos pro-

---

77. Aymerich, 2008: 226.

puestos, se han incautado de los ficheros que poseían las entidades burguesas. Estamos percatados que controlarán todos los centros de producción y que procurarán que la producción se ajuste a las necesidades de carácter bélico y de carácter multitudinario. [...]
Aguardamos con interés la actuación del Consejo de Economía. No hay que descuidar que es una de las instituciones más fundamentales. La ordenación económica es la piedra angular del triunfo. [78]

Poco a poco las visiones libertarias y marxistas se fueron enfrentando en el Consejo de Economía. Las primeras proponiendo la socialización y las segundas la estatalización o nacionalización.

Cuando Fábregas viajó a Madrid, a comienzos de septiembre de 1936, realizó una entrevista para Unión Radio, explicando el sentido y las funciones del Consejo de Economía. Después de explicar ampliamente su cometido, su discurso terminó incidiendo en que el Consejo recogía los anhelos populares de revolución social y que su obra debería servir de acicate al resto de pueblos ibéricos para crear un nuevo orden social. Insistía en que estos consejos debían de estar compuestos por representantes de la CNT y de la UGT animando a la mesocracia (clase media) a incorporarse a la obra de reconstrucción que estaba realizando el proletariado.[79]

Pocas semanas después, comenzando el día 24 de septiembre, tuvo lugar el Pleno Regional de la CNT de Catalunya. Este comicio se centró en el ordenamiento de la economía. Después del discurso de apertura del Secretario General Mariano Vázquez, Fábregas expuso un informe a los más de 500 delegados presentes. Expuso las diferencias estratégicas con la UGT, para centrarse más tarde en cómo construir la colectivización. Fábregas entendía que se tendrían que crear nuevas industrias para dejar de depender de las importaciones

---

78. "Editorial". *Solidaridad Obrera*, 14/08/1936, p. 1.

79. *CNT*, 10/09/1936, p. 6.

del extranjero,[80] tan complicadas en aquellos momentos. Entendía que eran necesarios nuevos instrumentos para desarrollar la revolución. Continuó exponiendo las tiranteces entre Madrid y Barcelona, entre el Gobierno y la Generalitat, y el boicot que el primero realizaba sobre el segundo. La delegación de la Generalitat le había pedido al Gobierno el traslado inmediato del oro del Banco de España, o al menos de 400 millones de pesetas-oro que necesitaba Catalunya. Esto fue rechazado de plano. Fábregas entendía necesario un centro autónomo de contratación de moneda en Catalunya.[81]

Respecto al desarrollo del Pleno, se acordó colectivizar la tierra y las industrias de forma gradual y progresiva y tener el control de la banca mediante comités de control obrero. También se trató la unificación y racionalización de los salarios, llegándose a la propuesta de un salario familiar. El redactor de Solidaridad Obrera lo expresaba de forma triunfalista: "Las relaciones de producción que rigen en el sistema capitalista quedan completamente trastocadas. No podrá hablarse del asalariado y del burgués. En su lugar surgen el productor y el consumidor".[82]

La Comisión de la Industria de Guerra

Habíamos visto anteriormente que, de forma inmediata, el 20 o el 21 de julio, varias fábricas metalúrgicas importantes de Barcelona fueron incautadas por los trabajadores y fueron puestas al servicio de la producción bélica. Lo cierto es que en este aspecto los sindicatos actuaron de forma decidida para transformar la industria catalana en una potente fábrica de material de guerra. Hasta entonces, Catalunya no disponía de fábricas de guerra. En pocas semanas se confiscaron empresas y se las unió al esfuerzo colectivo de la industria

---

80. La estrategia de industrialización mediante la sustitución de importaciones se utilizaba en los países que pretendían industrializarse. En la década de 1930 se estaban llevando procesos de esta índole en toda Latinoamérica.

81. *Solidaridad Obrera*, 25/09/1936, p. 3.

82. *Solidaridad Obrera*, 27/09/1936, p. 1.

militar. El entusiasmo fue tal que incluso llamó la atención de los observadores extranjeros.

Esta nueva industria bélica afectó a casi todos los ramos de la producción, en especial al siderometalúrgico, ya que se tenían que fabricar armas, municiones, vehículos blindados o motores de aviación; y al químico, que debía de producir explosivos y gases letales.

El esfuerzo de producción militar fue tal que numerosas agrupaciones de empresas colectivizadas (pronto veremos qué eran) pudieron vender parte de su producción a los organismos gubernamentales para cubrir las necesidades del Frente. Esto incluso afectaba a agrupaciones que no habían sido reconocidas oficialmente.[83] Y es que en la producción bélica coexistían empresas colectivizadas, controladas y nacionalizadas. Lo único que las unía era su dependencia de la Comisión de la Industria de Guerra de la Generalitat.

La Comisión (en adelante CIG) fue creada en paralelo al Consell d'Economia, el 7 de agosto de 1936. Igual que el Consell, estaba adscrita a la Generalitat y ejercía controles en las empresas que producían material bélico. Por sus características especiales, estos controles eran mucho mayores que en otros sectores productivos. La Generalitat pagaba los salarios de las empresas involucradas y se encargaba de obtener las materias primas, utilizando la mediación de esta Comisión. Así que esta fue uno de los organismos más importantes adscritos a la Generalitat en esa época.[84]

> La creación de la CIG el 7 de agosto significó un salto cualitativo respecto a la fase anterior, y fue la base real para la fabricación de armamento en serie y con unos niveles de calidad homologables por los departamentos militares. En su nacimiento convergieron con igual papel indispensable, tres sectores sociales de distinta importancia en aquellas circunstancias: el proletariado industrial ligado mayoritariamente a la CNT, los republicanos nacionalistas, detentadores de la institucionalidad de Cataluña y con cierto peso entre

83. Castells, 1993: 252.

84. Castells, 1993: 31.

la burguesía, y un reducido número de militares profesionales cuyo peso social era nulo, pero sin los cuales nunca se hubiera adquirido la ciencia y la técnica necesarias para la producción bélica.[85]

A la cabeza de la Comisión estaba el republicano Josep Tarradellas. Entre otros, también tomaron parte los cenetistas Eugenio Vallejo Isla, metalúrgico; Manuel Martí Pallarés, del Sindicato de Químicas, y Mariano Martín Izquierdo, quienes se aseguraron que siempre tuviese un funcionamiento democrático y transparente, junto a los republicanos Francesc Salses Serra y Joan Deulofeu Arquer. Otros de los responsables eran los militares Ricardo Jiménez de la Beraza y Miguel Ramírez de Cartagena.

El mencionado Vallejo (militante de la CNT y de la FAI) ya había sido el delegado de incautaciones de instalaciones industriales del Departamento de Guerra del CCMA y se convirtió en la figura más destacada de la Comisión.[86] No deberíamos olvidar que la FAI había desarrollado en 1935 y 1936 un plan revolucionario que contemplaba la creación de un Comité de Preparación Revolucionaria que debería encargarse de la insurrección de masas en un eventual enfrentamiento revolucionario. Además de garantizar una correcta articulación de las fuerzas insurreccionales y de preparar los medios de transporte y de combate, el Comité de Preparación se debería encargar también de la organización industrial. Para ello debería hacer estudios de las industrias, ver cómo conseguir materias primas y organizar recursos técnicos para la fabricación de materiales bélicos y transformar las industrias de guerra.[87]

La primera labor de la Comisión fue de tipo estadístico. Era necesario averiguar con qué se contaba. Así se pudo hacer recuento de todas las empresas metalúrgicas, que cuantificaron en 800, y de las químicas que producían materiales susceptibles de ser utiliza-

---

85. Sánchez Cervelló, 2003: 773.

86. Sánchez Cervelló, 2003: 55-56.

87. Gómez Casas, Juan, 2002: 202.

dos para la guerra, como ácidos minerales, fertilizantes, colorantes, amoniaco sintético, sosa o explosivos. Por ello la Comisión presionó y logró que la Generalitat aceptase la cesión de las fábricas más importantes para la producción bélica, como la empresa automovilística Hispano-Suiza, la Pirelli, Elizalde y otras que hemos visto nombradas antes.

Los obreros se volcaron en este proyecto. En muchas fábricas de productos bélicos se trabajaba hasta 56 horas semanales sin cobrar horas extraordinarias. Entendían que la industria de guerra era vital para el momento. El 15 de agosto ya se presentó un modelo de granada, y pocos días después el primer paquete de trillita y los blindados.[88]

La Comisión fue tan efectiva que en julio de 1937 existía en Catalunya una industria que englobaba 290 fábricas y 150.000 trabajadores dedicados a la fabricación de armamentos. Entre ellas, hubo 15 fábricas creadas desde cero.

Esta situación duró hasta mediados de 1937 gracias al apoyo de Josep Tarradellas. Sin embargo, tras los Hechos de Mayo, el ministro de guerra, Indalecio Prieto, aprovechó la coyuntura y se dispuso a controlar la industria de guerra catalana. Para ello creó la subsecretaria de armamento el 6 de junio.

El 23 de septiembre el Gobierno de la República decretó la creación de la comisión de industrias de guerra de Catalunya, pretendiendo evitar que la Generalitat fuese la encargada de fabricar el armamento. A partir de este momento, el ritmo de producción de armamentos decayó irreversiblemente. Las fábricas que dependían de la Generalitat tuvieron serios problemas para sobrevivir por falta de crédito y materias primas. En mayo de 1938, la CIG se remodeló y pasó a llamarse Consejo Técnico de la Comisión de Industrias de Guerra de la Generalitat.

Desde el primer momento, los trabajadores, adscritos en su mayoría a la CNT, se opusieron a esta nueva Comisión de Industrias de Guerra estatal. Esta intervención en los asuntos de Catalunya

---

88. Guarner, Vicenç, 1975 : pp. 181-183.

incluso provocó la dimisión del entonces ministro de la República por ERC, Jaume Aiguader. Los impedimentos hicieron que en alguna ocasión el Gobierno de la República acusase a la Generalitat de deslealtad.[89]

Este proceso concluyó el 16 de agosto de 1938, cuando el Gobierno incautó todas las fábricas de la Generalitat. Si el gobierno central había tardado todo un año en hacerlo, fue por la correlación de fuerzas existente en Catalunya.[90] Al fin y al cabo, el anarcosindicalismo sentía que toda aquella industria de guerra era obra suya.

Eugenio Vallejo fue duramente atacado por el PSUC en varias ocasiones. Sin embargo, Josep Tarradellas salió siempre en su defensa porque lo consideraba el más capacitado para el puesto, a pesar de todas las dificultades que tuvo que afrontar Vallejo (como el robo de blindados por parte de elementos del PSUC, bloqueos de financiación por parte del Gobierno de la República, falta de materias primas, ataques en la prensa contra su persona...). Permaneció en su puesto hasta que el gobierno republicano disolvió el Consejo Técnico.

El Decreto de Colectivización y Control Obrero

En Catalunya, el 17 de agosto la CNT había decidido acabar con el CCMA por no ser el organismo adecuado para sus intereses. Por su parte, la Generalitat también quería terminar con el CCMA y mientras se recomponía la situación institucional, promovía un nuevo gobierno. Este se materializó el 27 de septiembre. Este organismo incorporaba consejeros de la CNT, que por vez primera entraban en un gobierno.

---

89. Sánchez Cervelló, 2003: 776. En aquellos momentos de agosto de 1938 se produjo una crisis en el Gobierno de Negrín. El Presidente seguía proponiendo decretos que minaban la autonomía regional y económica. Las protestas, como las de ERC, el PNV o la CNT, no sirvieron de nada.

90. Pagès, 2021: 85-87

Entre las primeras medidas del Consell de la Generalitat estuvieron la disolución del CCMA y de los comités revolucionarios antifascistas locales. Se pretendía una vuelta a unas formas más acordes con la normalidad burguesa. Sea como fuera, la nueva consejería de economía fue ocupada por un miembro de la CNT, Joan P. Fábregas.

Ya desde el 18 de agosto el Consell d'Economia venía trabajando en un "Plan de Transformación Socialista del País" – titulado con estas mismas palabras – que debía redactar un grupo de trabajo formado por Barrera, Carbó, Grijalbo y Nin, es decir un representante de ERC, otro de la CNT, otro de la UGT y el último del POUM.[91]

El resultado del plan anterior fue el *Decreto de Colectivizaciones y Control Obrero*, que fue aprobado el 24 de octubre.[92] El Decreto fue objeto de duras negociaciones, ya que el Consell d'Economia era un organismo colegiado, como acabamos de ver, y todas las organizaciones pretendían que se recogieran sus visiones particulares sobre las colectivizaciones, ya fueran liberales (ERC y AC), libertarias (CNT y FAI), marxistas estalinistas (PSUC y UGT) o marxista antiestalinista (POUM). Como en el anterior Consejo de Milicias Antifascistas, en este consejo también se crearon dos bandos: el revolucionario, formado por la CNT y el POUM; y su contrario, formado por la UGT y el PSUC, quedando ERC, Unió de Rabassaires y Acció Catalana a remolque.[93] En estos momentos, controló la situación el primer sector. Se puede atribuir el borrador del Decreto al anarcosindicalista Eusebi Carbó.

El Consell era bien consciente del proceso de incautación de empresas que se había producido entre julio y octubre de 1936. Cuantitativamente, la cifra se sitúa en unas 435, de las cuales 360 eran de la ciudad condal, mientras que 75 pertenecían a otras poblaciones.[94]

La Generalitat pretendía encarrilar el proceso colectivista y el Consell era el instrumento para darle forma a lo que entonces co-

---

91. Cendra, 2006: 47-48

92. DOGC, 28/10/1936, p. 373 y ss.

93. Aymerich, 2008: 244

94. Bricall, 1978: 192

menzaron a llamar la *Nueva Economía*. Los delegados del Consell entendieron rápidamente que las empresas incautadas y colectivizadas no podían regirse cada cual por su cuenta y que se tenía que crear un plan para asegurar la continuidad del trabajo y superar los problemas causados por la desaparición de numerosos directores y técnicos.[95] De lo contrario se corría el riesgo de caer en un caos económico en donde cada empresa estableciera su propio criterio. Desde la CNT se calificaba a este riesgo de "neocapitalismo obrero",[96] según el cual los obreros, ahora a cargo de la empresa, actuaban como si fuese realmente suya, sin tener en cuenta ni el ramo ni el sindicato, situándose en contra de la transformación social que estaba sucediendo.

Antes de la publicación del Decreto de Colectivizaciones, los dos sectores rivales, CNT-FAI y UGT-PSUC, publicaron un acuerdo de entendimiento, según el que acataban las decisiones del Consell de la Generalitat. También afirmaban que todas sus organizaciones estaban de acuerdo con la colectivización de los medios de producción sin indemnización para los propietarios, y de la incautación de todo lo que fuera necesario para la guerra. Sin embargo, acordaban no colectivizar la pequeña industria, excepto si tenía propietarios facciosos o era necesaria su incautación para la guerra.[97]

Volviendo al Decreto de Colectivizaciones, en su articulado se divide las empresas en dos tipos: las colectivizadas y las privadas. Las primeras serían dirigidas por un comité de empresa, que sustituiría a los directores. Las segundas, seguirían a cargo de su director o gerente anterior, aunque tendrían un comité de control obrero.

En cuanto al comité de empresa, este era el órgano directivo que llevaba a cabo las decisiones de la asamblea general. Por tanto, dirigía el funcionamiento interno de las empresas y sus relaciones con el exterior. La asamblea podría revocarlos si lo creía conveniente. Durante la época previa al Decreto esos organismos directivos

95.   Bricall, 1978: 190

96.   Castells, 1993: 45

97.   Semprún Maura, 1978: 117

fueron llamados de diversas maneras: comité de empresa, comité técnico-administrativo, comité revolucionario de estación, comité central de la industria, comité central de dirección o consejo de empresa. Se puede ver la pluralidad de iniciativas de aquellos momentos. Con el Decreto todos estos nombres se unificaron en el comité de empresa. La estructura del comité se subdividía según las tareas a realizar o bien entre los centros de trabajo y las secciones que tenían las empresas, que constituían comités de sección.[98]

El artículo más polémico fue el que establecía la colectivización obligatoria de las empresas con más de 100 trabajadores a fecha de 30 de junio de 1936. En caso de ser empresas de entre 50 y 100 trabajadores, se permitía su colectivización si las tres cuartas partes de la plantilla así lo decidían en asamblea general.

Todo el activo y pasivo, los inmuebles propiedad de la empresa pasarían a la colectivización y se instaba a mantener la unidad de la empresa, en caso de que esta tuviese varios centros de trabajo.

El capítulo II del Decreto, trata de los comités de empresa, que sustituían al consejo de administración o la dirección. Como particularidad, se introducía un interventor de la Generalitat. El Capítulo III trataba sobre los comités de control obrero y de su funcionamiento. El Capítulo IV trataba sobre los Consejos Generales de Industria, que estructuraban la economía según los sectores y ramos. El Capítulo V, desarrollaba las Agrupación de Industrias, para superar la inefectividad de ciertas empresas demasiado pequeñas o con tecnología obsoleta y mejorar así la productividad.

El Decreto también anunciaba la creación de una Caja de Crédito Industrial y Comercial para ofrecer ayuda financiera a las empresas y agrupaciones. A pesar de todo, esta Caja no entraría en vigor hasta el 12 de enero de 1938, quedando bajo control del sector comunista del Consejo.[99] La Caja debía recoger el 50% de los beneficios de las

---

98. Castells, 1993: 38-39

99. La Caja fue presidida por el consejero del PSUC, Estanislau Ruíz Ponseti. Aymerich, 2008: 249

empresas colectivizadas para invertirlos según los criterios del Consell d'Economia y los Consejos Generales de Industria[100].

Como resumen, nos quedamos con el de Bricall:

> La ideología básica del Decreto manifiesta el peso del sindicalismo en su vertiente reformista, es decir, no demasiado comprometido con el anarquismo, porque si por un lado reconocía la superior función directiva de la Generalitat como titular de la política económica y se le reservaban las funciones que en la doctrina anarquista correspondían a los sindicatos y a los comités municipales, por otro lado se establecía una progresiva jerarquización de consejos de abajo a arriba (empresa, industria, sector) análoga a la sindical, empezando por las unidades económicas de producción, regidas como cooperativas de trabajo.[101]

A nivel político, el Decreto fue la aceptación por parte de los partidos republicanos de la inevitabilidad de la revolución, mientras que desde las filas obreras el Decreto fue saludado con alegría, entendiendo que era el primer paso hacia la socialización total de la economía. En estos momentos el PSUC no pudo imponer sus puntos de vista, aunque criticaba en público lo que consideraban un exceso de democracia de los comités de empresa. Su propuesta era estatizar las colectividades.

Para las filas anarcosindicalistas, dejar fuera de la colectivización aquellas empresas de menos de 50 trabajadores, que eran la mayoría de las empresas, era una medida contra los imperativos de la producción. Entendían que no tenía sentido mantener empresas excesivamente pequeñas, poco productivas por naturaleza, y que se las debía agrupar y concentrar, tal como empezaba a suceder en al-

---

100. Según el Decreto, y con el objetivo de potenciar las agrupaciones, se crearon 14 Consejos Generales de Industria, que debían realizar planes de trabajo para potenciar su industria respectiva, orientar los consejos de empresa y coordinarse con el resto de sectores. (Pagès, 2021: 69)

101. Bricall, 1978: 194

gunos ramos como el de la Madera de Barcelona o el Fabril y Textil de Badalona.[102]

LA FASE EXPANSIVA DE LA REVOLUCIÓN

La industria catalana estaba en crisis desde antes de la guerra. Por un lado, importaba las materias primas del extranjero y, por el otro, exportaba sus manufacturas al resto de la España republicana. Como es lógico, debido a la guerra se habían perdido los mercados controlados por el bando rebelde. Los problemas crecieron cuando los stocks de los almacenes se fueron terminando y cuando comenzó a escasear el crédito.

Otros problemas fueron causados por intervenciones del Estado sobre el comercio y las exportaciones, que dificultaban la adquisición de materias primas tan básicas para la industria catalana como el algodón o el carbón.

En este sentido, como los anarcosindicalistas no se habían planteado la expropiación de la banca, esta quedó bajo el control de la Generalitat. Por tanto, cuestiones esenciales en la economía, como el crédito o los salarios quedaron supeditadas a su criterio.[103] La Generalitat intervino en agosto de 1936 todas las sucursales del Banco de España y las delegaciones de Hacienda existentes en Catalunya.

Mientras gobernó Largo Caballero se barajó un gobierno sindical entre la CNT y la UGT. Nunca se pudo llevar a cabo debido a la oposición frontal de los partidos republicanos, así como del importante sector centrista del Partido Socialista y, por supuesto, del PCE. Pero esto no impidió que la revolución en la economía evolucionase hacia el control sindical.[104] Por su parte, los anarcosindicalistas pidieron con insistencia la creación de un Consejo Nacional de Economía,

---

102. Castells, 1993: 28

103. Pagès, 2021: 71

104. En Catalunya se creó un Comité de Enlace CNT-UGT, el 22 de octubre de 1936. Una de sus funciones era estudiar cómo extender el control sindical, tal como se puede leer en (Gabriel, 2011: 243-244).

que se hiciera con el control y gestión de todos los aspectos económicos.[105] Nunca fueron escuchados.

Este consejo sería el órgano supremo de la vida económica. Debería estar compuesto por organismos estatales, de carácter nacional y regional, así como de organismos proletarios (los sindicatos), con el predominio numérico de éstos.[106] El Consejo Nacional de Economía era la gran apuesta del movimiento libertario, puesto que estaba destinado a asumir gran parte de las funciones que tenía asignadas el Estado. Joan P. Fábregas incluso proponía que este Consejo tuviese un departamento de exteriores e interiores, otro de propaganda, otro de defensa...

> Si aquesta ordenació tècnico-administrativa i d'estadística, que tindria com a punt de partida de la vida econòmica els Sindicats, som capaços de realitzar-la amb aquell alt sentit de responsabilitat i amb la intel·ligència que la seva importància reclama, tinguem la plena seguretat que el Consell Nacional d'Economia assumiria la major part de les funcions que avui pertoquen a l'Estat, i que adscrivint-li un departament de relacions exteriors i interiors i de propaganda, i un altre departament de defensa, de conservació de l'ordre revolucionari i d'administració del dret, constituiria l'estructuració d'un poble sense les velles i desacreditades essències de què ens parla Bakunin amb tanta eloqüència.[107]

Los días 5 y 6 de diciembre de 1936 se celebró la Primera *Jornada de la Nova Economia* celebrada en el Palacio Nacional de Montjuïc. La conferencia estuvo presidida por el conseller Joan P. Fábregas. El periódico *La Humanitat*, de tendencia republicana y catalanista, calificó el Decreto de Colectivizaciones como la "carta magna del proletariado catalán".[108] Se celebró en medio de gran expectación,

---

105. Cardona Rosell, 1937: 4-5

106. Ídem.

107. Fàbregas, 1937: 45

108. *La Humanitat*, 08/12/1936

ante miles de personas, y fue emitida por radio. Todos los oradores fueron muy aplaudidos y también participó el President Companys, que de nuevo volvió a afirmar – y esta vez en público – que él estaba en su puesto porque así lo querían las organizaciones obreras y se ofrecía para "llevar la obra del proletariado hacia un sentido de responsabilidad".[109] De su discurso se puede sobreentender que por entonces dominaba la situación el sector más revolucionario.

Esta misma sensación la daba el discurso de Ruíz Ponseti para el mismo acto. El consejero comunista en el Consell d'Economia, afirmaba que el Decreto de Colectivizaciones era un interregno entre "el estado económico burgués desaparecido y el orden económico socialista del mañana". Sin embargo, no creía que se pudiese socializar la industria hasta que no se nacionalizase efectivamente la banca. De ahí, que se hubiera aceptado un término medio, como era el texto del Decreto. Fábregas coincidía en que el Decreto era un instrumento y no un fin en sí mismo, ya que se ponía en manos del proletariado las fuentes de riqueza del país.[110]

Como crítica a este acto, se puede entrever una verticalidad. Era un evento informativo, no decisorio. Bien podría haberse constituido como un gran acto congresual del proletariado catalán y llevar a cabo un nuevo avance hacia la socialización. Sin embargo, se podría

---

109. «Per cloure l'acte, prengué la paraula Lluís Companys, *President de la Generalitat. Companys féu un parlament molt curt, que va ser interromput diverses vegades pels aplaudiments dels assistents a l'acte. Afirmà que en néixer la guerra civil nasqué també una revolució, i que ell era President de la Generalitat no pel que era abans del 19 de Juliol, sinó perquè ho havien volgut les organitzacions proletàries. Digué, així mateix, que damunt la taula de Catalunya hi havia la responsabilitat governant de les classes treballadores. S'oferí a les organitzacions proletàries perquè l'utilitzessin en tant que home demòcrata i republicà, que podia portar a l'obra de l'adveniment de la classe treballadora un sector de responsabilitat: "(...) Utilitzeu-me – digué –. Quan ja no sigui necessari, expremut com un llimó, llenceu-me fora i seguiu...»* Cendra, 2006: 78 Este discurso se puede leer también en castellano en El Diluvio, 08/12/1936, p. 6

110. *El Diluvio*, 08/12/1936, p. 6

entrever que las bases obreras confiaban realmente en la actuación de sus líderes.

Sin embargo, muy poco después, el 17 de diciembre Fábregas fue sustituido al frente de la consejería por Diego Abad de Santillán. El Gobierno de la Generalitat se reestructuró y perdieron fuerza las posiciones revolucionarias. Por ejemplo, Andreu Nin, representante del POUM tuvo que abandonarlo.

En Catalunya, entre la aprobación del Decreto de Colectivizaciones y los primeros meses de 1937 existió buen entendimiento entre las fuerzas del Consell d'Economia. Ninguna organización ponía trabas a las nuevas colectivizaciones o a mejorar su funcionamiento. Los nuevos decretos y órdenes de la Generalitat aprobadas en estos meses estaban destinadas a ajustar el funcionamiento de las agrupaciones, los comités obreros de control y el Consejo General de Industria. Entre estos decretos destacaríamos el del 22 de enero de 1937, que establecía el nombramiento de nuevos directores para los consejos de empresa incidiendo en que deberían ser personas diferentes de los antiguos propietarios. El texto daba a entender que había muchas empresas que seguían dependiendo del antiguo "director burgués". El articulado del nuevo decreto dificultaba esta situación y relegaba a los antiguos propietarios a otros puestos de inferior categoría y responsabilidad.[111]

A primeros de enero de 1937, Tarradellas aprobó los Decretos de S'Agaró, que fue una batería de 52 decretos orientados al sector financiero. Sus objetivos fueron los de centralizar el sector público y aumentar la intervención estatal en las finanzas, impulsar la industria de guerra y ordenar la política financiera para mantener el "nuevo orden revolucionario", es decir, para financiar las empresas colectivizadas. S'Agaró fue un encauzamiento de la revolución por la vía de las finanzas. La CNT se opuso inicialmente a algunos decretos, pero los terminó aceptando como hechos consumados.[112]

---

111. Cendra, 2006: 65-66

112. Bricall, 1985.

La CNT defendía en esta época la socialización global de los medios de producción y la supresión de la propiedad privada. Con esta socialización pretendían acabar con el aislamiento de los obreros en un determinado ramo de producción, mejorar la productividad, terminar con la competencia y, en definitiva, instaurar el socialismo. La propuesta tuvo enfrente el resto de fuerzas políticas y sindicales, que conformaban la alianza antifascista, que quería evitar a toda costa esta socialización.

No obstante esta situación, y a pesar de que la CNT renunciaba por el momento a la socialización global, sí que controlaron sectores determinados de la economía y avanzaron en la socialización parcial, como consecuencia de la actuación de sus militantes, así como también de algunos pertenecientes a la UGT.[113]

Fruto de estos avances, se dieron bastantes casos de concentración de empresas y agrupaciones. Los anarcosindicalistas no entendían las agrupaciones como un simple mecanismo de racionalización de la producción, que sería una cuestión de carácter técnico-administrativo, sino que las entendían como una etapa intermedia hacia la socialización global. Así pues, las agrupaciones sirvieron en la práctica para concentrar y expropiar empresas pequeñas, que no habían podido ser colectivizadas anteriormente, y se combatía la competencia y la división entre empresas "ricas" y empresas "pobres".[114]

Otro aspecto que quiso potenciar la CNT fue el de los técnicos. En este sentido crearon una Escuela Politécnica, así como una Asociación Nacional de Técnicos, que estaba en relación con las federaciones de industria y actuaba según sus necesidades. Se trataba de preparar los cuadros necesarios para la gestión económica en su aspecto industrial especializado.[115]

Valorando la amplitud del colectivismo industrial de Catalunya, podemos considerar que para el final de la guerra existían unas 4.500

---

113. Castells, 1993: 65-66

114. Castells, 1993: 69

115. "Pleno nacional de técnicos celebrado en Valencia del 2 al 9 de abril de 1937". 93A.4. Fondo CNT (España). IISH (Ámsterdam)

empresas bajo el control obrero, había cerca de 2.000 más colectivizadas y existían unas 600 agrupaciones de empresas que incluían otras 5 ó 6.000 empresas más.[116] Se considera que la cifra estaría entre el 70% y el 80% de las empresas catalanas.[117]

Las colectivizaciones supusieron una enorme transformación de las relaciones sociales de Catalunya. Reorientaron el sentido y la forma de cubrir las necesidades básicas de la población. En este aspecto, la producción se centró en cubrir estas necesidades, así como en obras de carácter colectivo, como la construcción de hospitales, escuelas, bibliotecas o centros deportivos, en detrimento de la producción de artículos de lujo u otros bienes específicos. Lo que debe ser destacado, es que la transformación social estaba vinculada a unos valores éticos y estos influían en la producción de bienes y en la prestación de servicios.

Estos cambios sociales fueron más importantes entre las agrupaciones, puesto que tenían un aspecto más desarrollado que las empresas colectivizadas individuales. Muchas se centraron en la mejora de las condiciones de trabajo, el cierre de los locales de malas condiciones o en la construcción de nuevos centros. La equiparación salarial o la introducción de salarios familiares fueron motivos de debate. También tuvieron en cuenta la situación de desempleo total o parcial de parte de la clase obrera, así que iniciaban nuevos proyectos destinados a paliar el paro obrero. Otro aspecto de carácter social fueron los contratos de las agrupaciones con mutuas y clínicas para ofrecer atención sanitaria para sus trabajadores. Incluso tenían una connotación de estrategia económica, al orientar la producción para sustituir las importaciones de Catalunya o la de promover la investigación para mejorar la productividad.[118] Cada logro en estos aspectos era motivo de orgullo para los obreros implicados. La Generalitat entendía estos avances como una muestra de la laboriosidad y creatividad del pueblo catalán, mientras que la

116. Pagès, 1993: 35-36

117. Cendra, 2006: 60

118. Castells, 1993: 252-253

CNT los entendía como una muestra del acierto de la Nueva Economía y la necesidad de ir más allá.

Habíamos mencionado los avances en la socialización de algunos sectores. Uno de ellos fue el de los Espectáculos Públicos de Barcelona, socializados ya en agosto de 1936. Otro de ellos fue el de la Madera de Barcelona, que abarcó casi todas las actividades del sector y agrupó hasta unos 8.000 trabajadores para diciembre de 1937. La Madera Socializada abarcaba desde las explotaciones forestales hasta la comercialización de muebles o cestería, pasando por todo tipo de trabajos intermedios.[119]

Otro de los sectores en vías de socialización fue el de la Sidero-Metalúrgica de Barcelona.[120] En este caso fue un intento truncado, porque los sindicatos del ramo de la CNT y la UGT se lo presentaron a sus organizaciones superiores a finales de abril de 1937, para ser aprobado en la primera semana de mayo. Para su desgracia, en esos días los enfrentamientos en la calle dieron al traste con esta socialización, cuando todo ya estaba preparado. Por no ser tan conocido este ejemplo como el de los Espectáculos y la Madera, lo desarrollaremos.

Su planteamiento era socializar completamente las industrias derivadas: la industria pesada del hierro, la manufactura de hierro y acero, la industria de los metales no ferrosos, la industria de la construcción de máquinas, la industria de la pequeña mecánica y material científico de precisión, la industria del automóvil y la industria de la aviación.

Cada una de ellas, a su vez, se dividía en una serie de concentraciones. En el caso de la industria pesada se subdividía en las concentraciones de siderurgia, fundición de hierro y acero moldeado,

---

119. Está muy bien desarrollado en *Las Transformaciones colectivistas en la industria y los servicios de Barcelona (1936-1939)*. Fundació Salvador Seguí. Barcelona, 1989. pp. 37-58.

120. "Proyecto de socialización de la industria sidermetalúrgica que presenta la ponencia nombrada por los Sindicatos de la Industria Siderometalúrgica (CNT) y Metalúrgica (UGT) de Barcelona a sus respectivas organizaciones superiores." *Informes sobre la socialització de la indústria i l'estructuració industrial.* ANC1-886-T-5671. Arxiu Nacional de Catalunya. Consultado en https://arxiusenlinia.cultura.gencat.cat/

laminación y forja, construcciones metálicas y astilleros y construcciones navales. El resto de industrias tendría también sus propias concentraciones, que por ahora no detallaremos.

La Industria Sidero-Metalúrgica Socializada debía tener personalidad jurídica y propiedad sobre todos los activos y pasivos de las empresas que la componían. Evidentemente, podría realizar todo tipo de actividades mercantiles y crediticias. A nivel técnico crearía varios consejos. De abajo a arriba: un Consejo Técnico de Producción con sus comités delgados por fábrica, una Junta Técnica Administrativa de cada concentración con su comité e interventor de la Generalitat, y un Consejo Técnico Económico de toda la Industria Sidero-Metalúrgica, con su comité elegido de entre las juntas de las concentraciones, así como por dos miembros elegidos por cada central sindical y un interventor de la Generalitat. Los interventores deberían ser gente de la industria. Tenían derecho a veto, pero había artículos específicos para evitar que tuvieran un poder por encima de las juntas y del Consejo.

De haberse desarrollado una socialización como la proyectada no solo se habría logrado un impacto en la economía, sino también en la producción bélica, ya que la industria metalúrgica es una de las bases de la industria de guerra.

Pero no todo fueron halagos hacia la colectivización. Desde las filas confederales se hizo mucha crítica hacia el corporativismo de los obreros que sentían su fábrica como propia y creían que se llegaba al socialismo simplemente con sustituir al director burgués por un comité. Otra crítica llegó del propio Joan Peiró, Ministro de Industria durante la presidencia de Largo Caballero. Al ser preguntado por su opinión sobre el Decreto de Colectivizaciones y si prefería las colectivizaciones a las cooperativas, respondió:

> "No quiero generalizar ahora al contestar a su pregunta, pero sí le diré, centrándome en el caso particular del sector del vidrio, que se ha hecho un mal negocio al proceder a su colectivización. Particularmente me inclino hacia el cooperativismo porque la Ley de Cooperativas catalana se ajusta

mucho mejor a los postulados de la CNT que el Decreto de colectivizaciones que es excesivamente centralista y absorbente, mientras que aquella Ley reconoce la autonomía de las agrupaciones industriales.

Lo peor de todo, es que el Decreto de colectivizaciones haya sido firmado por un hombre de la Confederación, a pesar de salir deformado por las modificaciones arbitrarias que introdujo un destacado miembro del PSUC al proyecto que había elaborado el Consell d'Economia de la Generalitat."[121]

La aproximación del anarcosindicalismo a las cooperativas siempre fue problemática. Históricamente los sectores más radicalizados del anarquismo habían rechazado las cooperativas por ser una "adormidera de las ansias revolucionarias". Sin embargo, las utilizaba el proletariado, como forma de acceso a bienes de consumo a buen precio.

Durante la guerra la CNT prefería la colectivización, puesto que, aunque los trabajadores controlaban la empresa mediante comités de empresa o de control, era la sociedad en su conjunto la propietaria de la empresa. En cambio, una cooperativa estaba gestionada y a la vez era propiedad de los socios-trabajadores, que habían aportado el capital para iniciarla.

En 1937, la Confederación se convenció de la utilidad de las cooperativas para gestionar la distribución de productos. Ante el bloqueo de los partidos republicanos a la colectivización del comercio, en Catalunya la CNT impulsó numerosas "cooperativas confederales" de consumo. Se hicieron en tal número que llegaron a duplicar el volumen de raciones asignadas a la Unió de Cooperadors de Catalunya, la entidad que agrupaba a las cooperativas catalanas.[122]

Dada la temática de este trabajo no entraremos a valorar el proceso revolucionario en otros sectores, tales como la municipaliza-

---

121. Citado en Aymerich, 2008: 396-397.

122. Pérez Baró cita 453.000 raciones para 93.000 socios de las 93 cooperativas de Unió de Cooperadors, y 800.000 raciones para las cooperativas confederales. Citado por Aymerich, 2008: 383-384.

ción de la vivienda o la colectivización agraria.[123] De todas formas, la combinación de todos ellos nos daría una perspectiva mucho más amplia y veríamos la profundidad de la revolución.

A todo esto, siempre debemos tener en cuenta que, desde la constitución formal de los municipios catalanes, en octubre de 1936, la CNT siempre tuvo puestos de poder local. En bastantes lugares tuvieron alcaldías y en buena parte de ellos, ocuparon regidurías relevantes como Defensa, Economía. Abastos o Trabajo. Para este trabajo debemos enfocarnos en la capacidad de gestión económica de la que hicieron gala hasta el final de la guerra.

Para preparar todas estas cuestiones, la CNT de Catalunya celebró un Pleno Regional, o Congreso Extraordinario, como se lo llamó, que se inició el 14 de febrero. En el orden del día constaban las ponencias de estructuración de los Sindicatos de ramo, la estructuración de toda la organización sindical y la estructuración de los consejos confederales de economía, control y estadística.

Como todo lo que creaba la CNT era una estructura de abajo a arriba. Como punto de partida, se planteaba que estos consejos naciesen a partir de comités técnico-administrativos nombrados en asamblea de trabajadores en los centros de trabajo. Su función era la organización técnica de la producción, llevar un control administrativo y ordenar las estadísticas. A continuación, se planteaba crear consejos locales técnico-administrativos de industria, más tarde comarcales, luego regionales y finalmente el consejo nacional. El objetivo era maximizar el rendimiento y tener un mejor control de la producción. Para ello la estadística era fundamental. La idea era poder exportar la sobreproducción. Desde entonces se entendía la necesidad de tener cajas regionales para financiar las industrias, y caminar hacia la creación de un Banco Regional de Industrias Confederadas, que absorbería todas las operaciones financieras de la Organización confederal. Firmaban la ponencia la Federación Co-

---

123. Se estiman en unas 400 las colectividades agrarias en Catalunya. Barnecker, 1982: 194.

marcal del Baix Llobregat y las federaciones locales de Granollers, Sabadell y Terrassa.[124]

EL COLECTIVISMO TRAS LOS HECHOS DE MAYO

Las tensiones entre partidarios y detractores de la revolución aumentaron considerablemente en la primavera de 1937. Se produjeron en Catalunya diversos choques violentos que desembocaron en los llamados Hechos de Mayo. Este fue el punto de inflexión de la revolución social, puesto que, tras aquellos enfrentamientos en Barcelona, las fuerzas revolucionarias perdieron gran parte de su fuerza. La CNT abandonó el Gobierno, el POUM fue ilegalizado y Largo Caballero cedió la presidencia a Juan Negrín, un socialista de carácter centrista.[125] El Gobierno central anuló la Conselleria de Defensa, área que fue asumida por el ejército republicano.

En Catalunya, la Generalitat fue reestructurada, primero mediante un gobierno de concentración, fechado el 6 de mayo, en el que la CNT solamente pudo participar con una consejería. Y más adelante, mediante un "gobierno de unidad", que tomó posesión el 30 de junio. Estaba compuesto por la Presidencia y 8 departamentos. Su composición política era 3 consejeros de ERC, 3 del PSUC, 1 de Unió de Rabassaires y 1 de Acció Catalana Republicana. La CNT se quedaba fuera. Este gobierno de la Generalitat duró hasta el final de la guerra con esta composición.

Respecto a la cartera de economía, que hasta el momento había presidido la CNT,[126] ésta recayó en Joan Comorera (PSUC). A partir

---

124. Congreso Extraordinario Regional. Orden del día y ponencias. Documento 37C.2. Fondo CNT (España). Archivo de Ámsterdam.

125. Negrín fue considerado, según los revolucionarios, un cripto-comunista. Es decir, un socialista de partido pero que actuaba según los intereses soviéticos. Ciertamente, esto sería negarle su agenda propia a todo un presidente del Gobierno. Pero lo que nadie puede negar fue su nula simpatía hacia la revolución popular y su interés en destruirla.

126. Diego Abad de Santillán ejerció de consejero de economía hasta la crisis de la Generalitat del 16 de abril. Entonces fue nombrado Andreu Capdevila i Puig, también de la CNT.

de la presidencia del consejero comunista, el modelo de colectivismo de la Generalitat seria abandonado por una intensificación de la estatalización de la economía, como la nacionalización o la municipalización, así como la intervención de las instituciones en otros sectores de la economía.

A nivel concreto, el plan del PSUC era convertir los consejos de empresa en meros comités de control y que la dirección efectiva de las empresas pasase a los interventores de la Generalitat. Se trataba de destruir la democracia obrera y convertirla en simple nacionalización.[127] De hecho, se intentó dos veces derogar el Decreto de Colectivizaciones.[128]

La primera medida de Comorera fue reorganizar el Consell d'Economia expulsando al representante del POUM y dando entrada a nuevos representantes de la Generalitat enviados por los consellers de Economía y de Agricultura, además de a otro representante de las cooperativas.[129] Con esto se lograba diluir la fuerza de los revolucionarios, que ya solo contarían con los tres representantes de la CNT y los dos de la FAI.

Otra medida de Comorera fue la transformación de los Consejos Generales de Industria (CGI), hasta entonces independientes del estado, y se introdujeron unas federaciones económicas de industria situadas a medio camino entre los CGI y las agrupaciones.[130] Además, se creó un cuerpo de inspectores de trabajo de la Generalitat para inspeccionar las empresas colectivizadas.

Los CGI del Consell d'Economia nunca estuvieron bien establecidos y funcionaron en la práctica como simples federaciones de industria. El progreso del colectivismo se quedó en las agrupacio-

---

127. Cendra, 2006: 102

128. Cendra, 2006: 100

129. La sesión tuvo lugar el 20 de agosto de 1937. El representante del POUM era Josep Oltra i Picó. Las sesiones de aquellas semanas fueron muy tumultuosas debido al ataque del PSUC contra la colectivización. (Cendra, 2006: 105)

130. Publicado en el DOGC, 13/07/1937, p. 156 y ss.

nes de empresas. Sin embargo, el anarcosindicalismo sí preparó sus sindicatos creando Consejos de Economía en los sindicatos de industria y en sus federaciones de ramo. Su función era mejorar la organización técnica de la producción, llevar un control administrativo y ordenar la estadística. Los beneficios de estas mejoras estaban destinados para nutrir una caja de superavits para llevar a cabo una distribución equitativa del producto de trabajo entre los trabajadores del mismo ramo industrial.[131] Estos consejos serían esenciales para el paso que dio la CNT en 1938.

Más adelante, se presentó un proyecto para que las colectivizaciones pudiesen pasar a ser cooperativas de trabajo. Esto se vio como una seria amenaza contra las empresas colectivizadas y se denunciaba que esta medida prepararía el terreno para la anulación del Decreto de Colectivizaciones.

La CNT llevaba meses intentando arrastrar a la UGT a sus posiciones. La Confederación estaba convencida que el proletariado se veía beneficiado por la revolución y que la central sindical socialista también debería estar de acuerdo con la socialización. Sin embargo, esto no era así. Las direcciones de la UGT habían transigido con la colectivización porque no les quedó otro remedio. Esto no era el caso entre las bases y se dieron asambleas generales locales en las cuales ambos sindicatos aprobaron pedirle al Gobierno la socialización de la economía.[132]

Para mejor cumplir con este objetivo socializador, la CNT en primer lugar impulsó las federaciones de sindicatos de industria en el Pleno Regional del 26 febrero. Hasta entonces solamente había contado con unas pocas federaciones, a todas luces insuficientes. También creó, el 23 de marzo de 1937, una Comisión de Coordinación

---

131. Fábregas, 1937: 40-41

132. Como ejemplo, Solidaridad Obrera informaba de un acuerdo en asamblea general, celebrada por los obreros de ambas centrales, en la que se pedía un pleno regional conjunto de ambas centrales para la socialización de todas las ramas de producción y distribución. Solidaridad Obrera, 27/02/1937, p. 9.

Económica CNT-FAI de Catalunya.[133] Su objetivo era el de crear un consejo asesor para estar al tanto de todas las cuestiones económicas planteadas por todos los sindicatos y territorios. En su informe se mencionaba la preparación de estudios para crear un seguro confederal y la creación de una banca confederal. Fueron designados para este estudio militantes del sindicato de banca José María Lunazzi y Ramón Cotelo. La Comisión se reunió con el Comité Nacional, situado en Valencia.

En ese momento el Comité Nacional estaba encabezado por Mariano R. Vázquez, quien iba acompañado de Mariano Cardona Rosell. Cardona había entrado en el Comité Nacional en septiembre de 1936 presidiendo la Sección de Economía. Participó junto a Horacio Martínez Prieto en las negociaciones para incorporar a la CNT al gobierno republicano en noviembre de aquel año. Debido a su capacidad de organización y su claridad de planteamientos terminó dirigiendo el máximo órgano confederal de carácter económico, que veremos más adelante.

---

133. "Informe de la Comisión de Coordinación Económica CNT-FAI que integran en nombre del Comité Peninsular los compañeros J. Mª Lunazzi y R. Cotelo". Barcelona, 9 de junio de 1937. Político-Social-Barcelona (Generalitat), exp. 1046, carp. 21. CDMH.

Los entresijos del colectivismo

A finales de agosto de 1936, la CNT era plenamente consciente de que la guerra iba para largo. Por entonces gobernaba la República José Giral, que presidía un consejo de ministros considerado débil. Por ejemplo, cuando un representante de las milicias de la CNT, Antonio Ortiz, acudió al Ministerio de Guerra para entrevistarse con el ministro Hernández Sarabia, este le indicó que la CNT ya lo controlaba todo y que dirigía la guerra a su gusto. "¡Que gobierne la CNT!", le espetó el ministro.[134]

Ante la incapacidad manifiesta de tal gobierno en los asuntos de la guerra, Largo Caballero también exigía que se crease otro nuevo. En estas circunstancias, a finales de agosto se celebró una reunión entre el Comité Nacional de la CNT y la Comisión Ejecutiva de la UGT en la que se decidió constituir otro gobierno. En esta reunión los socialistas invitaron a la CNT para que participase en él.

A continuación, el día 3 de septiembre, la CNT celebró en Madrid un Pleno Nacional de Regionales en el que se estudió esta cuestión. Las delegaciones debatieron largamente si participar o no en el nuevo gobierno. La respuesta fue negativa. El Pleno se contentó con ofrecerle al nuevo gobierno el apoyo de la Confederación a cambio de que el Estado no interviniese las empresas colectivizadas por los trabajadores.

Con esta respuesta, el día 4 de septiembre se constituyó el nuevo gobierno, presidido por Largo Caballero. Nada más tomar posesión del cargo se materializaron tres significativas derrotas militares republicanas: la caída de Irún, la de Talavera de la Reina y el abando-

---

134. Martínez Lorenzo, 1969: 190

no de Mallorca. La República tomaba conciencia de la gravedad del momento.

Por su parte, la CNT siguió negociando con Largo Caballero la forma que debería tomar su colaboración. En particular destacaron dos propuestas confederales: la de crear un Consejo Nacional de Defensa para gestionar los asuntos de la guerra. Este Consejo debería estar compuesto por 5 delegados de la CNT, 5 de la UGT y 4 republicanos; y un Consejo Nacional de Economía, formado solamente por la CNT y la UGT, con el objeto de administrar la economía nacional. Respecto a estos consejos, cabe aclarar que no se los proponía como organismos por fuera del Estado, sino como parte integrante del mismo, a modo de transición. El nuevo presidente rechazó ambas propuestas.

Ante esta negativa, en el seno del movimiento libertario poco a poco se abrió camino la posición de participar en el gobierno republicano. Las reuniones se sucedieron. El 27 de septiembre la CNT entró en el Consell de la Generalitat. Poco más tarde entró en los ayuntamientos y constituyó otros consejos regionales para, finalmente, aceptar entrar en el gobierno republicano en el Pleno Nacional de Regionales del 18 de octubre.

La CNT no entraba en el Gobierno para impulsar la revolución desde el poder, sino para evitar que una República agonizante le arrebatase el poder conquistado en la calle mediante nuevos decretos. A pesar del rechazo instintivo a participar en el Gobierno desde las filas anarquistas, también hay que reconocer que la clase trabajadora en su conjunto sentía necesaria la incorporación de la CNT a los puestos dirigentes del país.[135]

Las negociaciones dieron lugar a que se le concediese a la CNT cuatro carteras ministeriales: Industria, Comercio, Justicia y Sanidad. Fueron ocupadas, respectivamente, por Joan Peiró, Juan López, Joan García Oliver y Federica Montseny. Los dos primeros eran de tendencia treintista y los dos últimos de tendencia faísta.

---

135. Calero, 2011: 237

A partir de ahora nos centraremos en lo que compete a esta obra: las cuestiones económicas. Cuando Joan Peiró fue propuesto como ministro del gobierno de Largo Caballero no se esperaba el desastre que se encontró al comenzar a trabajar. No sólo el gobierno había huido de forma vergonzosa de Madrid, sino que pronto fue consciente del estado calamitoso de la industria española. La guerra había quebrantado la economía republicana y cada región, cada ciudad o incluso cada fábrica funcionaba según su propio criterio. El paso de Peiró por el ministerio se resume en este párrafo:

> Juan Peiró declaró que al ingresar en el gobierno se encontró con una situación verdaderamente catastrófica: una parte de las industrias estaban "controladas" y el control era, en realidad, una gestión obrera, otras empresas estaban colectivizadas y otras más, por último, estaban controladas pero dirigidas por un patrono cuya única preocupación consistía en sacar del país sus capitales. Todas estas empresas estaban al borde del desastre: en las oficinas del ministerio se amontonaban más de 11 000 peticiones de crédito, ninguna de las cuales fue satisfecha... Peiró propuso a Caballero un decreto de colectivización que no fue aceptado, pues significaría un atentado a la propiedad industrial y, por consiguiente, el riesgo de represalias occidentales y de que se cerrase más todavía el "bloqueo de armas". Los proyectos de Peiró se redujeron, finalmente, a un decreto que permitiría la "intervención" del gobierno en las industrias indispensables para la guerra.[136]

Demos más detalles. Los primeros tiempos en el cargo de Peiró, coinciden con la aplicación del Decreto de Colectivizaciones de Catalunya y otro proyecto parecido en Valencia. Siguiendo estos precedentes, el 5 de enero de 1937 Peiró le presentó a Largo Caballero su anteproyecto de "Decreto de incautaciones e intervención de la industria civil". Ante la grave desarticulación de la industria

---

136. Broué y Témime, 1961: 260

Peiró pretendía la incautación de las principales fábricas del país. El anteproyecto preveía que el estado colaborase en la gestión de las empresas, pero no planteaba una intervención estatal ni una nacionalización. Además, se buscaba la intervención de las empresas extranjeras, ya que era evidente que algunas de ellas estaban saboteando la producción en el campo republicano.

Este proyecto fue objeto de duros debates entre los ministros, ya que muchos pretendían rebajar considerablemente el alcance de las medidas. En primer lugar, Largo Caballero le hizo olvidarse de aprobar cualquier tipo de decreto que contemplase la colectivización de todas las industrias, puesto que Gran Bretaña, Francia y Bélgica poseían muchos intereses en suelo español y, según el Presidente del Gobierno, le retirarían de inmediato su reconocimiento al gobierno republicano. Así que Peiró preparó un nuevo decreto que, esta vez, fue combatido por otros ministros del Consejo de Ministros. Más tarde, el texto pasó del Consejo a una comisión ministerial que realizó nuevos retoques, haciendo una caricatura del texto inicial.[137]

Todos estos debates se prologaron más de un mes, y el Decreto no se plasmaría hasta el 23 de febrero. Según el texto del Decreto, el objetivo era "asegurar la continuidad de la producción industrial con arreglo a las necesidades de producción del mercado y sociales de la industria misma".[138] Las incautaciones debían ser propuestas por el Ministerio y aprobadas por todo el Consejo de Ministros, con lo que se abría la posibilidad de bloquearlas. El Ministerio de Industria podía reclamar la utilización para la industria civil de ciertos elementos movilizados y, viceversa, el Ministerio de la Guerra, podría decretar la movilización del personal de las industrias, quedando sometidos a las normas del Ejército. Por último, se creó una comisión para determinar qué industrias deberían ser incautadas. Existía un escollo con las empresas de capital extranjero, que el Gobierno no quería tocar.

---

137. Martínez Lorenzo, 1969: pp. 208-209

138. Gaceta de la República, núm. 55, 24/02/1937, p. 952-953

La intención de Peiró era reducir al máximo la intervención estatal y permitir el control sindical de todas las comisiones. Sin embargo, debido a la transformación del texto del Decreto, algunos patronos aceptaron la intervención estatal de sus empresas, a cambio de que se les reconociese su propiedad sobre ellas.

El 4 de febrero se aprobó y publicó otro decreto por el cual se incautaban todas las existencias de algodón, lana, seda, rayón, así como los desperdicios de cualquiera de estas fibras o sus mezclas. También quedaba prohibida la exportación de cualquiera de las fibras mencionadas. Se nombraba como interventores del Ministerio a los presidentes de los comités industriales algodonero, lanero y sedero.[139] El 2 de marzo publicó unas normas para regular la producción manufacturera. En este caso su acción chocaba con los sindicatos de industria.

Respecto a los comités industriales, éstos habían sido creados el 31 de agosto y hasta marzo de 1937 estuvieron a cargo de funcionarios. En su etapa en el Ministerio, Peiró abrió la puerta a que los sindicatos estuviesen presentes en las reuniones que realizaban estos comités.[140]

Otra de las órdenes de relevancia, aprobadas por Peiró, fue la incautación de las minas de potasa de Cardona, Sallent y Suria, de Catalunya. Se argumentaba que las empresas que se hacían cargo de su explotación las habían abandonado de forma injustificada. El Ministerio se encargaría de indemnizar a quien correspondiera. Lo cierto era que la minería catalana estaba en manos de los trabajadores. La disposición del Ministerio de Industria ahora les garantizaba definitivamente a los consejos de empresa la dirección de las explotaciones. Además, se creó un Consejo Nacional de Exportaciones de Sales Potásicas, que debía encargarse de colocar estos productos mineros en los mercados extranjeros. De existir un beneficio, este serviría en primer lugar para mejorar las instalaciones mineras.[141]

139. Gaceta de la República, núm. 35, 04/02/1937, p. 643

140. Gaceta de la República, núm. 62, 04/04/1937, pp. 93-94

141. Gaceta de la República, núm. 115, 25/04/1937, p. 390-391

Más tarde, se extendió esta medida a las minas castellanas de Almadén y Puertollano.

Tras abandonar el Gobierno, Peiró pronunció una conferencia en su población de origen, Mataró, en la que hizo un balance de su paso por el Ministerio. Declaró que el Consejo de Ministros había rechazado su proyecto de nacionalizar la electricidad. También denunciaba que Juan Negrín, Ministro de Hacienda durante el gobierno de Largo Caballero, había saboteado sistemáticamente sus esfuerzos para apoyar las industrias en manos de los trabajadores. Para el verano de 1937 Negrín ya era presidente del Consejo de Ministros.

Por su parte, otro ministro confederal, Juan López, no logró imponer el monopolio del comercio exterior, sino solamente su control por el Estado. Controlar el comercio era esencial para que unas instituciones no compitieran con otras en los mercados internacionales, plagados de especuladores poco o nada simpatizantes de una república que había dado pie a que la revolución social se apoderaba del país. López también concedió licencias de exportación para colectividades y sindicatos de la CNT y de la UGT, que gracias a ello pudieron prosperar.

Para ejercer su función ministerial, López nombró a Horacio Prieto como director general del Comercio Exterior. Gracias a su labor, la República pudo firmar tratados comerciales con la URSS, Checoslovaquia y Francia. Su objetivo era crear un organismo que centralizase las compras internacionales. Eso permitiría racionalizar el gasto de divisas, en un momento en el que la peseta republicana se devaluaba.

Sin embargo, López se encontró con una seria limitación. En decreto del 2 de noviembre, es decir, dos días antes de ingresar la CNT en el Gobierno, se había creado la *Comisaría General de Economía,* que dependía del Ministerio de Hacienda. Su objetico era la regulación del comercio exterior. Entre otras cosas se dedicó a controlar la producción de agrios, de gran importancia para la República.[142]

---

142. Martínez Ruiz, 2006: p. 33

Por tanto, el Ministerio de Comercio tuvo en Juan Negrín, responsable del Ministerio de Hacienda su verdadero rival. El 2 de diciembre el Gobierno firmó un decreto según el que la Dirección Genera de Comercio Exterior debía informar diariamente al de Hacienda sobre sus operaciones. Hacienda se reservaría el derecho a intervenir esas exportaciones. Negrín utilizaba el Banco Exterior de España para asegurarse el control efectivo del comercio internacional.

Negrín evitó cualquier intento de orillar al Estado en el comercio exterior, como pretendían las organizaciones sindicales o los gobiernos regionales.[143] Para ello impuso delegados en todos los comités exportadores.

López apenas pudo oponerse a estas trabas políticas. Tuvo que superar las dificultades que suponían para la economía republicana la pérdida de grandes territorios agrícolas como Castilla o Andalucía, así como la fractura del territorio. En este sentido destacó la reordenación del transporte por carretera y ferroviario, impulsada desde el ministerio de Juan López.[144]

No hablaremos de los otros dos ministros libertarios, Joan García Oliver y Federica Montseny, que ocuparon carteras que no se ocupaban de asuntos económicos.

La acción ministerial de los libertarios fue poco productiva en su faceta propositiva, dado el bloqueo que hicieron de sus propuestas ministros como Juan Negrín, Indalecio Prieto o Vicente Uribe. Por el contrario, sirvió para que bloqueasen medidas claramente contrarrevolucionarias que proponían otros ministros. Así pues, rechazaron cualquier medida encaminada a devolver los bienes expropiados a antiguos terratenientes e industriales, y tampoco permitieron los ataques contra las colectividades agrícolas.

Según el punto de vista de quienes ocupaban los máximos cargos en CNT, su labor en el Gobierno fue estratégica para defender las

---

143. En este sentido en febrero de 1937 el Gobierno de la República llegó a un acuerdo con la Generalitat por el que el comercio exterior volvería a ser competencia del gobierno central.

144. Calero, 2011: pp. 264-268

conquistas revolucionarias y utilizaron su posición de poder político para evitar la formación de organizaciones reaccionarias.

La Confederación mantenía que por respetar la pequeña propiedad se había retrasado la centralización industrial, y por tanto se había reducido la productividad. La producción manufacturera alcanzó su punto álgido en mayo de 1937, comenzando un descenso en picado desde entonces, llegándose a condiciones mucho peores que antes de la guerra.

Precisamente constataban que, tras su salida del gobierno, todas las conquistas fueron duramente atacadas y se terminó el proteccionismo hacia las colectivizaciones y el control obrero, quedando sometidos todos los avances revolucionarios a un estricto control del gobierno. Como hemos dicho, los Hechos de Mayo fueron el origen de una crisis de estado que desembocó en la salida del gobierno de todos los ministros anarquistas. Ante los ataques contra la revolución, producidos en los meses del verano de 1937, el movimiento libertario buscaría volver al gobierno a toda costa, cosa que no conseguiría hasta abril de 1938.

Ahora pasemos a hacer un recorrido por la geografía de la revolución colectivista.

EL COMITÉ EJECUTIVO POPULAR DE VALENCIA

La lucha contra el levantamiento militar en el País Valenciano y en todo el Levante peninsular tuvo un desarrollo diferente del catalán. En primer lugar, porque las tropas se sublevaron en los cuarteles, pero no tomaron la calle, como ocurrió en la ciudad condal. Los sindicatos habían respondido con una huelga general que duró hasta agosto, paralizando completamente la vida pública y económica de la región. El 22 de julio, a instancias del gobernador civil, se constituyó el Comité Ejecutivo Popular (CEP) de Valencia, que reunía a los partidos del Frente Popular con los sindicatos.

Aunque nunca depuso formalmente a las autoridades republicanas, el CEP fue la institución que tuvo realmente el poder en Valencia. De hecho, en una primera época que va hasta octubre, el Comité solamente tenía autoridad real en la ciudad de Valencia y sus zonas de influencia. Cada ciudad y cada pueblo contaban con sus propios comités que actuaban con plena soberanía. Y esta soberanía también implicaba que los sindicatos y los trabajadores se hicieran con el control de determinadas empresas. Lo cierto es que algunos líderes y organizaciones consideraban que el CEP era un gobierno autónomo, pero a nivel formal no dejaba de estar sujeto al Gobierno de la República.

Así ocurrió en numerosos casos, en todo tipo de poblaciones, en las que se tomó el control de las empresas, se ocuparon tierras y hasta se iniciaron procesos de concentración industrial. Durante el verano comenzaron a aparecer espontáneamente controles obreros, colectivizaciones y socializaciones, sin existir un plan de conjunto. Tal es así, que el cenetista Higinio Noja Ruiz, entonces secretario general del Comité Regional de la CNT de Levante, en un discurso pronunciado en 1938, recordaba esta época de la siguiente manera:

> "Los Comités Locales ejercían, no siempre con acierto y mesura, un poder absoluto. Incautaban tierras y cosechas. Requisaban aperos, animales, fincas urbanas, elementos de transportes. Substituían el signo monetario nacional por vales de forzosa circulación que de momento facilitaban los cambios dentro de la localidad, pero al final arruinaba al comerciante y hacían punto menos que imposible el normal abastecimiento de la población. El sistema no satisfacía a nadie y por doquier se percibía la misma sensación de inseguridad y recelo. Sin embargo, se mantenía, (...) nadie se atrevía a disentir abiertamente del criterio de los que por la fuerza de las circunstancias ejercían cargos de responsabilidad en la dirección de la política local".[145]

Fuere como fuere, podemos decir que, si bien el proceso colectivista no llegó a los niveles de Barcelona, sí que hubo una incautación

---

145. Noja Ruiz, H. (1938) *La revolución española. Labor constructiva en el campo.* Libre-Sstudio. pp. 29-30. Citado por Bosch, 1982: 61

significativa de la economía por parte de los trabajadores. En Valencia capital se socializó la construcción, el transporte, los astilleros, la industria química, los servicios públicos (agua, luz, gas, transporte y espectáculos). En la ciudad y su comarca numerosas fábricas textiles, abandonadas por sus propietarios, fueron incautadas por los sindicatos, creándose un Comité Unificado Textil UGT-CNT. El proceso revolucionario también afectó a la industria pesquera.

Sin embargo, según Franz Borkenau, testigo presencial, en Valencia había "muchas menos milicias que en Barcelona, menos expropiaciones y control obrero de las fábricas, menos colores rojos y más estandartes con los colores valencianos y españoles".

En otras ciudades grandes, como Alicante, la socialización se limitó a establecer el control obrero en los sectores en los que había mayor implantación sindical, como en el textil, las conservas, las panaderías, la metalurgia o la construcción. En Alcoy, feudo histórico del anarquismo, se socializaron inmediatamente las fábricas metalúrgicas, papeleras y textiles y se convocaron asambleas. En Elda y Petrel se socializó la industria del calzado y este impulso se trasladó a otros pueblos de la comarca. En otros pueblos marineros, como Villajoyosa los marineros y los sindicatos incautaron las empresas exportadoras de pescado y se constituyó una colectividad de pescadores que reorganizó la industria. En Castellón, Sagunto, Paterna, Játiva y muchos otros lugares se vivieron situaciones similares. Estos procesos afectaron a decenas de miles de trabajadores de forma inmediata.

Sin embargo, se carecía de cualquier tipo de plan general, así que las colectivizaciones se hicieron cada cual a su modo, cada empresa con sus propias normas. No obstante, tenían una estructuración parecida, residiendo la autoridad de las fábricas en un comité de fábrica o de empresa, que seguía las directrices de los sindicatos o de los comités intersindicales CNT-UGT.[146]

En el campo, la situación también fue revolucionaria. Algunos comités revolucionarios locales y sindicatos realizaron requisas de

146. Smyth, 1977: 76

cosechas y expropiaciones de tierras, aprovechando la huida, el ase-
sinato o el temor de los propietarios. Aprovechando estas expropiaciones, los campesinos comenzaron a crear colectivizaciones de
tierra. En otros casos se implantó el comunismo libertario, como en
Alcora, Alfara, Bugarra, Llombay o Pedralva, entre otros. Sin embargo, hay que reconocer que, en esos momentos del verano de 1936,
el ambiente general era de incertidumbre, hasta que los sindicatos
comenzaron a trazar una política agraria más concreta. Existía un
serio problema de falta de financiación, que amenazaba a la recogida de las cosechas de arroz y de naranjas.

A finales de septiembre se celebró el Primer Congreso Regional
de Campesinos de la CNT. En congreso debatió como proseguir con
las expropiaciones de tierras, como dejar de lado el Instituto de Reforma Agraria, IRA, y adquirir fertilizantes, todo ello sin chocar con
la UGT.

Allí se pudieron ver las distintas visiones predominantes en el
campo. Por un lado, había sindicatos campesinos que pretendían
instaurar sin más el comunismo libertario. En algunos casos ya habían abolido el dinero. En otros casos se pedía respetar la pequeña
propiedad, pues era esencial para la economía local. Algún sindicato ya había creado una cooperativa de distribución para el comercio
interior.[147] El resultado de esta disparidad de situaciones fue aprobar la colectivización voluntaria y no imponerla. En este aspecto,
la posición de la Federación Regional de Campesinos (FCRL) de la
CNT fue muy similar a la de la FETT-UGT. En cambio, la FCRL no
aceptó la autoridad gubernamental para legislar sobre las incautaciones o considerar el Instituto de la Reforma Agraria, IRA, como
único propietario de las tierras incautadas.[148]

En agosto la CNT había creado el Sindicato Único Regional de
Trabajadores de la Exportación de la Fruta, el SURTEF, que debería
dirigir la explotación de las naranjas. Hasta entonces la exportación
dependía del Instituto de la Reforma Agraria, y la CNT no era capaz

147. Smyth, 1977: 115

148. Bosch, 1982: 602

de competir con él.[149] En el Congreso de Campesinos se aprobó que el SURTEF tuviese secciones de propaganda, estadística, venta, distribución de pedidos, negociación de tratados comerciales, transporte terrestre y marítimo, normas de embalaje y transformación industrial de la fruta. Se acordó centralizar todas las transacciones financieras en un banco de Valencia. La organización era muy centralizada, y se hacían pocas concesiones a sindicatos locales. Se argumentaba que sin un control central los sindicatos exportarían todo lo que pudieran, sin medida. También los salarios estaban bajo control centralizado. En cuanto a los precios, se pedían precios de venta altos y que fuesen uniformes a todos los sindicatos. Entre los delegados hubo quejas de que entre los afiliados y técnicos del SURTEF había antiguos empresarios.[150] Más adelante, en febrero de 1937, el SURTEF contaba con secciones de arroz y de cereales. Sin embargo, el control gubernamental sobre el arroz era muy fuerte, ya que el estado intervino toda la producción.

La CNT levantina había asumido inmediatamente que no había ninguna posibilidad de implantar el comunismo libertario a escala regional. Aun así, había posibilidades de hacerlo en algunas comarcas. La política de la CNT era la expropiación total y colectivizar toda la tierra, pero ya en el invierno de 1936 la oposición de propietarios y de otras fuerzas políticas rebajaron severamente estas expectativas.[151]

Entre los mejores logros de la revolución en el País Valenciano cabe destacar la creación del Consejo Levantino Unificado de Exportación Agrícola (CLUEA), formado por las dos centrales sindicales CNT y UGT. Se dedicaba a la exportación naranjera, que era una de las mayores entradas de divisas de la región. De hecho, el 60% de la producción agrícola valenciana se exportaba, de ahí su importancia para la economía. El CLUEA estaba pensado para organizar todo el proceso de la exportación desde la recogida de las naranjas

149. Bosch, 1982: 106

150. Bosch, 1982: pp. 116-117

151. Bosch, 1982: 132

hasta su entrega en los mercados internacionales. Tenía secciones de transportes, regulación, finanzas, propaganda y estadística y estableció en los pueblos comités locales de exportación. Como quizás resulte evidente, este nuevo consejo se inspiraba en el SURTEF.

Pero este proyecto de exportación naranjera entró en conflicto con la propuesta de control gubernamental de las exportaciones, propuesta por el Gobierno, el PCE y otros partidos republicanos. Por tanto, se dio una lucha entre ambos modelos por el control de la exportación. La pugna reproducía la dicotomía entre colectivistas e individualistas, que se reproducía en los pueblos con colectivizaciones. Estas diferencias acabaron resolviéndose violentamente en el otoño-invierno de 1936 y polarizaron la situación.

Estas dificultades, así como la pérdida de mercados extranjeros, causaron que las exportaciones de la primera campaña de la CLUEA tuvieran un rendimiento menor que las exportaciones de años anteriores, siendo considerada un fracaso rotundo por sus opositores.

En total se crearon 353 colectividades agrícolas en el País Valenciano. De ellas, 264 eran de la CNT, 69 de la UGT y 20 conjuntas UGT-CNT. En cuanto a su localización 165 estaban en la provincia de Valencia, 104 en la de Alicante y 84 en Castellón. [152]

En el campo la FCRL-CNT se encontró con el problema del excesivo localismo. Cada pueblo era muy celoso de su autonomía. No sería hasta junio de 1937 cuando se redactaron unos estatutos y unas regulaciones comunes para todas las colectividades cenetistas. Ni siquiera se tenía una estadística clara, puesto que cada colectividad hacía la contabilidad a su manera, sin unas referencias comunes para todas. Otro de los problemas, fue que conforme avanzaba la guerra, los campesinos colectivistas mejor preparados iban siendo llamados a filas y las colectividades quedaban en manos de otros que no eran capaces de cumplir las directrices de la FRCL, entre otras cosas, porque eran analfabetos.

Para la ordenación de algo tan importante como la agricultura, también jugaba en contra el pasado doctrinal y espontaneísta de la

152. Bosch, 1982: 391

CNT en el campo valenciano. La planificación y la burocracia eran mal vistas por los campesinos:

> "(...) ya preveíamos, que uno de los principales obstáculos que se nos antepondrían a nuestro movimiento consistiría en nuestros compañeros, ya que por parte de ellos aún predomina el criterio de dejarse llevar por nuestra pseudo-invatible (sic) espontaneidad en la lucha, ateniéndose y confiándose tan solo, a reacciones inmediatas o inducciones esporádicas por las que siempre se ha manifestado nuestro movimiento." [153]

La CNT terminó vinculando las colectividades que impulsaba la FRCL mediante consejos locales de economía, que se coordinaban a través de comités provinciales y desembocarían en un Consejo Regional de Economía, activo hacia finales de 1937.

Por su parte, la UGT creó su propia organización nacional de colectividades, con estructuración provincial. Así pues, en Valencia se organizó la Oficina Provincial de Cooperativas con el objetivo de regular el trabajo colectivo y favorecer la distribución entre las colectividades afectas a la FETT-UGT.

La particularidad del caso valenciano fue la aparición de una organización de campesinos anticolectivista, la Federación Provincial Campesina, afín al PCE. Los comunistas, aprovechando que el Ministro de Agricultura, Vicente Uribe Galdeano, era uno de los suyos, intentaron sabotear por todos los medios las colectivizaciones. No lograron paralizar el proceso, pero sí que organizaron a los pequeños propietarios en una potente organización provincial para la defensa de sus intereses.

La existencia del Comité Ejecutivo Popular se vio seriamente limitada al establecerse en Valencia el Gobierno de la República, el 7 de noviembre. Sin embargo, el Comité siguió operativo e incluso prosperó durante un tiempo. Cabe decir que su ámbito de actuación se fue ampliando hasta cubrir toda la provincia de Valencia. Pocos

---

153. Bosch, 1982: 613

días después, en Alicante se constituyó el Consejo de Defensa Provincial y, en las semanas siguientes el resto de provincias levantinas (Castellón, Albacete y Murcia) crearon organismos similares. Los consejos pretendían reconstruir la vida económica del territorio. Para ello en noviembre impulsó la creación de un Consejo de Economía regional, similar al que existía en Catalunya.

Siguiendo los pasos de aquel, el 1 de diciembre, se publicó un decreto de colectivizaciones y control obrero de aplicación para la provincia de Valencia. Recibió el título de *Bases Reguladoras de Incautaciones, colectivizaciones, control e industrias libres.* El objetivo era legalizar y regular las conquistas revolucionarias. Sin embargo, las bases reguladoras de este decreto fueron más ambiciosas que las del decreto de Catalunya al poner bajo el control de los comités de empresa a las empresas de más de 50 trabajadores, y no de 100 como en el caso catalán. En caso de que las empresas fueran menores de esa cifra se creaba una comisión de control. Solamente quedarían libres del control obrero aquellos talleres con menos de tres obreros y dos aprendices o los comercios con un empleado y un aprendiz. No se contemplaban agrupaciones ni otras estructuras superiores.

El decreto también dictaba que la vivienda, excepto la pequeña propiedad urbana, pasaba a depender de la Consejería de Construcción del Consejo de Economía, que se encargaría de los impuestos y de cobrar los alquileres, así como de construir nuevos edificios o rehabilitar los antiguos.

Respecto a la tenencia de la tierra, el Consejo se declaraba a sí mismo como propietario, en representación del estado. A su vez, le daba en usufructo esas tierras a los campesinos en régimen individual o colectivo, según fuera su voluntad. También reconocía el derecho de los pequeños agricultores a la propiedad de la tierra. El Consejo establecía que la totalidad del producto se debería entregar a las cooperativas de productores de cada población, que la pondrían a la venta.

Lo cierto es que detrás de estas medidas se encontraba la CNT, que era el auténtico motor del CEP. El ambiente que imperaba en la CNT levantina siempre fue más moderado que en Catalunya. El treintismo había gozado de gran apoyo en la región, en especial en la capital. Al fin y al cabo, uno de los suyos, Juan López era el Ministro de Comercio, y otro de ellos, Domingo Torres, alcalde de Valencia.

La regional apoyó la entrada de la CNT en el Gobierno de la República sin demasiadas discusiones. Siguiendo esta línea, el 12 de octubre se celebró un Pleno de Comités de la Federación Local de Valencia. Allí se reunieron expresamente militantes en los consejos o comités de control del gobierno y llegaron militantes de Catalunya para informar de sus gestiones. El Pleno redactó una ponencia que marcaría la línea a seguir por la organización confederal en adelante:

> El fundamento teórico de nuestras manifestaciones estriba en creer que nadie en España está en condiciones de llegar a la aplicación de su ideario. Ni los republicanos pueden pensar en establecer el statu quo de la caduca juridicidad recién allanada por los facciosos, ni los marxistas pueden aspirar a imponer su dictadura específica por su falta de potencialidad orgánica y ambiente psicológico del pueblo, ni nosotros podemos soñar en la creación rápida de una estructura comunista libertaria. El sectarismo partidista nos llevaría al caos, como la no intervención en el gobierno nos llevará indefectiblemente a la desaparición gradual en el estadio revolucionario.
>
> El fundamento moral lo tenemos en el antecedente del Congreso de Zaragoza, al proponer la alianza revolucionaria con la UGT para derribar al capitalismo [...]
>
> Necesitamos la coordinación de voluntades entre los marxistas, la pequeña burguesía, los intelectuales y nosotros. Prescindir de cualquiera de estas clases y de sus aportaciones espirituales presupone amontonar los problemas sin resolver ninguno. La geografía agrícola de la península y la escasa capacidad de los españoles no tolera la supresión de la iniciativa privada constreñida con los pequeños beneficios.

Aunque no se podría decir que la Confederación llegase a controlar enteramente ningún sector de la economía, sus ambiciones la llevaban a proyectar una economía semi-socialista dentro de un País Valenciano autónomo. En este aspecto, la CNT redactó un proyecto de Estatuto de Autonomía el 23 de diciembre de 1936. Reproduciremos sus apartados de Economía, Hacienda y Trabajo, que son los que resultan de mayor interés para esta obra.

Economía

A/ La organización económica del País Valenciano corresponderá al Consejo de Economía del mismo.

Serán atribuciones del Consejo de Economía:

a/ La elaboración de los planes económicos del País Valenciano.

b/ La redacción de los programas económicos encaminados a procurar la conservación y el posible incremento de las diversas riquezas del país.

c/ La autorización del establecimiento de explotaciones industriales.

d/ La designación de los representantes del País Valenciano en las comisiones negociadoras de tratados de comercio y en las redactoras de las tarifas arancelarias.

e/ La implantación y el régimen de la oficina de compensación de divisas del País Valenciano.

f/ Las demás que señalen en su reglamentación orgánica.

B/ De las comisiones negociadoras de tratados de comercio con cada país extranjero, habrá de formar parte un representante, por lo menos, del País Valenciano, siendo preciso el informe favorable del mismo para precederse a la firma de aquellos.

C/ De acuerdo con el costo real de la vida, se señalarán los límites máximos de protección arancelaria que pueden concederse a las industrias nacionales, sin que aquéllos puedan justificarse por la falta de modernización del utillaje ni por la difícil racionalización del trabajo.

Las propuestas del representante del País Valenciano en la Comisión Central Arancelaria solamente podrán ser deshechas mediante prueba plena en contra y con el reconocimiento expreso del mismo.

La falta de éste obligará a someter a la discrepancia al informe del Consejo de Economía del País Valenciano.

D/ La oficina de compensación de divisas, por si y por medio de los Bancos auxiliares que al efecto se designen, intervendrá toda la exportación del País Valenciano, siendo ella la única personalidad jurídica que puede efectuar los cobros de tales mercancías en los países de destino. El cambio será fijado de acuerdo con las cotizaciones reales de la moneda en las Bolsas de París y Londres.

Las divisas, en su equivalencia en moneda nacional, producto de las ventas efectuadas en el extranjero o bien los productos procedentes del trueque, si se adoptase esta modalidad comercial, se pondrán a disposición de los exportadores.

Las divisas sobrantes o las mercancías importadas para atender necesidades nacionales, una vez ingresadas en el País Valenciano, serán puestas a disposición de los órganos estatales correspondientes o de los similares de los restantes países autónomos, de acuerdo con las normas al efecto dictadas por el Consejo de Economía del País Valenciano.

Hacienda

A/ La hacienda del País Valenciano estará constituida por el producto de todos los impuestos, creados o por crear, derechos y tasas, rentas y administraciones de bienes y servicios, y en general por todos los ingresos obtenidos a través de los organismos o entidades públicas que existan en el país.

B/ Las funciones administrativas y recaudatorias de los recursos de carácter regional y local estarán a cargo de los correspondientes Consejos Municipales.

C/ El País Valenciano contribuirá con las demás regiones a las cargas generales del Estado, en proporción a su riqueza total y a la importancia de los servicios reservados la función estatal.

D/ El País Valenciano y las corporaciones locales del mismo podrán emitir deuda interior; pero para acudir al crédito público extranjero será indispensable su previo acuerdo con el Estado.

E/ El País Valenciano fijará el volumen que le corresponda, como carga, en los empréstitos generales del Estado, en proporción a la importancia del servicio o servicios con que se beneficie con tales operaciones financieras.

F/ Los derechos relativos a minas, aguas, caza y pesca, los bienes de uso público, y, en general, todos aquellos que estén destinados al servicio común o al fomento de la riqueza nacional, pasarán íntegros al País Valenciano, que ejercerá pleno derecho y absoluto dominio sobre los mismos.

Trabajo

A/ En el País Valenciano serán estrictamente observadas las leyes de protección del trabajo. Para estimular su constante y riguroso acatamiento, se nombrarán delegados sindicales en cada orden de actividad.

B/ El consejero de Economía recogerá cuantas denuncias razonadas puedan presentarse acerca de infracciones de leyes sociales cometidas en otras regiones o países de la nación, cuando al abrigo de ellas puedan producirse competencias para su corrección.

C/ Los seguros sociales serán creados, implantados y administrados por órganos autónomos del País Valenciano.[154]

Tras el fracaso de la primera batalla de Teruel, producida a finales de diciembre de 1936, el CEP se autodisolvió y se creó el Consejo

---

154. Bases para el Estatuto de Autonomía del País Valenciano (1936). Wikisource
https://es.wikisource.org/wiki/Bases_para_el_Estatuto_de_Autonom%-C3%ADa_del_Pa%C3%ADs_Valenciano_(1936)

Provincial de Valencia, que gozaba de menor autonomía. A pesar de ello, las conquistas revolucionarias se mantuvieron y se aplicaron las bases de control obrero.

Respecto a la eficacia de las mencionadas colectivizaciones industriales, se suele reconocer su validez al evaluar que la producción no decayó durante la guerra a pesar de la contracción de los mercados, la dificultad de los transportes o la escasez de materias primas. Al contrario, los sindicatos lograron reconducir la situación caótica del verano de 1936 hacia una producción bastante planificada, que a finales de 1937 sufriría el peso de la creciente intervención estatal.

Hay que añadir que hubo algunos casos de colectividades bajo régimen de comunismo libertario que tuvieron que dar marcha atrás debido al caos organizativo que se había formado. Por tanto, reconocido el fracaso, se facilitó que quien quisiera abandonase la colectividad, pasando a realizar una explotación privada. Ante esto, la colectividad continuaría con las personas que realmente quisieran formar parte.

Dentro de la región levantina peninsular también estaba la provincia de Murcia. En este caso, la zona de influencia libertaria era Cartagena y los pueblos mineros. En estos lugares se socializó prácticamente todo a través de los sindicatos. En la huerta murciana y el interior de la provincia, el peso del socialismo era mayor. Aun así, se suprimieron los latifundios y las tierras fueron trabajadas en común.

El Cantábrico y el Consejo de Asturias y León

Generalmente el Cantábrico se suele quedar fuera de cualquier estudio sobre la revolución económica en la retaguardia republicana. Quedando fuera Euskadi de cualquier proceso de incautación de empresas, Asturias y Santander, en cambio, vivieron una expropiación de empresas a gran escala.

En el caso cántabro,[155] tierra de predominio socialista, las transformaciones sociales revistieron un carácter de expropiación desde

---

155. Como referencia tomamos el libro de Obrerón, Fernando (2014). *Re-*

arriba. Aun así, los trabajadores y los sindicatos impusieron el control obrero a aquellas empresas que habían sido abandonadas por sus propietarios. Como colectivización o agrupación de recursos, únicamente podemos mencionar la industria pesquera de Laredo, por iniciativa de la CNT, y el sector agropecuario en Liérganes, por iniciativa de la UGT. El resto de controles o consejos obreros de fábrica se produjo por intervención del Consejo Provincial, tal como ocurrió en la Tabacalera de Santander, la fábrica cervecera Cruz Blanca, los muelles, los astilleros, la CAMPSA, los Altos Hornos de Nueva Montaña, la Solvay de Torrelavega, la Naval de Reinosa, Cros de Maliaño, la lechera SAM, la Nestlé y un largo etcétera. Algunas poblaciones de la industrializada cuenca del Besaya quedaron bajo una socialización de control estatal. Las colectivizaciones agropecuarias, en caso de producirse, se hacían bajo las instancias del IRA. Por su parte, la UGT creó cooperativas campesinas para gestionar el trabajo colectivo agropecuario. El poco peso de la CNT en la provincia cántabra, aunque se fue ampliando considerablemente durante la guerra, no pudo variar la tendencia general hacia las incautaciones desde el Consejo Provincial.

En cambio, en Asturias fue distinto. La CNT tenía mucha fuerza en Gijón y la zona costera asturiana, así como en su feudo de La Felguera y su zona de influencia en la cuenca minera. Al principio se dio un primer período de desconcierto. La caída de Oviedo en manos del ejército rebelde concentró allí todos los esfuerzos bélicos de la región. A principios de agosto de 1936 se creó en Sama de Langreo el Comité Provincial de Asturias, que fue poniendo bajo su paraguas todos los comités locales de las zonas mineras. En Gijón tenía el control un Comité de Guerra, cuya zona de influencia iba desde Avilés hasta Villaviciosa. Ambos organismos se juntaron en octubre cuando el Comité Provincial se instaló en Gijón, aunque todavía convivieron durante unas semanas, hasta que se disolvió el Comité de Guerra a finales de noviembre. Finalmente, el 23 de di-

volución social y control obrero en Santander, Palencia y Burgos durante la Guerra Civil (1936-1937), Inédito. Citado en Gutiérrez Molina (2020), p. 147.

ciembre se creó el Consejo Interprovincial de Asturias y León, que fue la estructura de gobierno que dirigió la región hasta la caída asturiana.

El Consejo se dividió en departamentos, que entraron en funcionamiento en enero. En el caso del de Industria, dirigido por el cenetista Segundo Blanco, su objetivo era la "normalización jurídica de la propiedad de todas las industrias de las provincias de Asturias y León", clasificándolas en nacionalizadas y privadas.[156] Los directores de las fábricas debían responder ante el Frente Popular de su gestión. La definición del control obrero fue motivo de grandes controversias, puesto que cada organización lo interpretaba de una forma distinta.

Otro de los departamentos relevantes fue el de Comercio y Minas, dirigido por el socialista Amador Fernández.[157] Su primera función fue el control de la producción de carbón. Por un lado, las cooperativas quedaron autorizadas a ponerlo a la venta en las poblaciones asturianas, y por el otro, se planteaba el carbón como un bien de intercambio con otras regiones. Es decir, que Asturias y León podrían venderle el carbón a otras regiones a cambio de los productos y materias primas que necesitaba.

---

156. Taibo II, 1986: 407

157. Amador Fernández Montes había ocupado la presidencia del SOMA en 1929 y más tarde la de la Federación Nacional de Mineros de la UGT. También había sido administrador de la mina de San Vicente. Este caso resulta muy curioso, puesto que el SOMA se quedó con la propiedad de aquella mina en 1926, al serle concedida por el gobierno de Primo de Rivera para mantener los puestos de trabajo. Ante la crisis, el mismo SOMA le había prestado dinero al propietario, que ni corto ni perezoso, huyó con el dinero. Ante tal escándalo, el gobierno le cedió la mina al sindicato. A pesar de ello, sus 200 mineros nunca se beneficiaron especialmente de las mejoras que pedía su mismo sindicato, siendo origen a que se afiliaran en su mayoría a la central sindical rival, al Sindicato Único Minero, adherido primero de la CNT y luego a la CGTU comunista. En 1934 la mina fue expropiada tras la Revolución de Octubre. http://exiliadosmexico.blogspot.com/2012/09/fernandez-montes-amador.html

Otro aspecto de la guerra, particular de Asturias, fue que durante meses casi todos los comercios estaban cerrados. Por tanto, la sensación de penuria era evidente. En algunos pueblos los cafés vendían productos de primera necesidad, mientras que los locales de los sindicatos parecían ultramarinos, provocando quejas de sindicalistas.[158] El Departamento de Comercio reorganizó el cooperativismo para sustituir los comités de abastos, que se habían encargado de abastecer la población. Sin embargo, ni estas cooperativas tenían socios, ni el personal que las gestionaba tenía poder alguno.[159] Donde sí hubo algo de cooperativismo real fue en las cajas de ahorros y de crédito mutuo.

El buen entendimiento entre libertarios y socialistas se quebró durante los primeros meses de 1937. Amador Fernández intentó devolver algunas empresas colectivizadas a sus antiguos propietarios. Enseguida, la CNT envió representantes a entrevistarse con Joan Peiró, que declaró ilegal semejante medida.[160]

En Asturias, la minería estuvo al principio en manos del poderoso SOMA-UGT, así como la metalurgia de los valles mineros. Sin embargo, la necesidad de tener una gestión unificada impulsó a Amador Fernández a crear el Consejo Técnico Obrero Administrativo de Minas Reunidas el mes de marzo de 1937. La dirección y el control efectivo siguieron en manos del SOMA.

En los lugares de predominio libertario las fábricas fueron colectivizadas en su mayoría. Por ejemplo, en Gijón se colectivizó la construcción naval y toda la industria pesquera y conservera (la de toda Asturias, de hecho), considerada la segunda industria regional. También se creó para abastecer la ciudad un Consejo Local de Cooperativas, que llegó a comerciar con los pueblos leoneses.[161] Sin embargo, fuera de esos lugares (Gijón y La Felguera, mayormente),

---

158. Taibo II, 1986: 408

159. Taibo II, 1986: 422

160. Martínez Lorenz, 1969: 142

161. Gutiérrez Molina, 2020: 83

la gran mayoría de las empresas fue incautada por el Consejo, sin desvincularlas de sus anteriores propietarios.

El 24 de agosto, el Consejo de Asturias y León se declaró soberano respecto al gobierno de Negrín. Se dividió en dos grandes áreas, una militar y la otra civil, que se encargaba de organizar la evacuación y de gestionar la precaria economía. Las tropas franquistas entraron en Gijón el 21 de octubre de 1937.

Por último, a diferencia de otros gobiernos regionales, el gobierno vasco no colectivizó ninguna empresa. El control se establecía a través del Ministerio de Hacienda. Este ministerio tenía interventores en las principales empresas, comercios y bancos de Euskadi. Una parte de la "gran burguesía" industrial y financiera vasca, opuesta por lo general a la República, fue castigada con la expropiación total de sus empresas sin indemnización. Las medidas fueron impuestas por el Ministerio de Hacienda vasco, desde marzo de 1937 y su impacto fue muy limitado.

EL CONSEJO REGIONAL DE DEFENSA DE ARAGÓN

El 19 de julio se produjo el levantamiento militar en las tres capitales aragonesas. A pesar de ser uno de los feudos históricos del anarquismo ibérico, Zaragoza cayó sin enfrentamientos de importancia. Los obreros se vieron superados por los golpistas en astucia y, sobre todo, en medios. Desde Catalunya se vivió con angustia el desastre aragonés y enseguida se le quiso poner remedio.

En los últimos días de julio partieron de tierras catalanas diversas columnas milicianas que consiguieron liberar cerca de la mitad de Aragón. En ellas iban algunos de los militantes más comprometidos de las organizaciones obreras, y entre ellos, buena parte de quienes pretendían instaurar el comunismo libertario.

Para su desgracia, se desaprovechó la oportunidad de tomar Zaragoza, y ya en el mes de agosto se estancó el frente. Según José Mª Maldonado, estudioso del Frente de Aragón, ante la falta de tropas y medios, casi daba la impresión de que Catalunya solo se hubiera planteado la contención de los rebeldes y la defensa de su territorio antes que la conquista efectiva de las capitales aragonesas.[162]

La parálisis del frente hizo que los milicianos comenzasen a mirar la región que tenían a su alrededor. Para la CNT aragonesa, el golpe de estado había desorganizado completamente sus sindicatos de la región. Hasta septiembre no se pudo recomponer la estructura regional. Esta situación fue común para el resto de organizaciones republicanas y socialistas, que tardaron más tiempo en reconstruirse. El vacío administrativo era absoluto, y era cubierto por las columnas milicianas.

Según los libertarios aragoneses, ciertas columnas catalanas estaban desestabilizando la retaguardia con sus acciones. Los saqueos eran habituales y en ocasiones pasaban a ser sistemáticos. Había ciertos intermediarios avispados, a veces agentes de la Generalitat, que se dedicaban a recorrer los pueblos comprándole a los campesinos sus productos a precios irrisorios para venderlos en Catalunya a precios abusivos.

Así pues, siguiendo las consignas del Pleno Nacional de la CNT del 3 de septiembre, el anarcosindicalismo impulsó el Consejo Regional de Defensa de Aragón, CRDA. A pesar de que no todo el mundo en la CNT lo vio oportuno, ya que justo en octubre se estaba negociando la entrada en el Gobierno de la República, lo cierto era que la organización confederal también estaba molesta por la negativa de Largo Caballero a aceptar el Consejo Nacional de Defensa o el de Economía.

Un alto idealismo revolucionario estaba muy presente entre los consejeros de la nueva entidad administrativa aragonesa. El Consejo contaba con el apoyo unánime de las columnas milicias confederales (Durruti, Sur Ebro, Ascaso, Aguiluchos y Roja y Negra). Así pues, se había fundado el CRDA con la intención de construir una democracia libertaria, siguiendo el espíritu del Congreso de Zara-

---

162. Ver Maldonado Royo, José María (2008). *El Frente de Aragón*. Mira Editores.

goza y el planteamiento de la Confederación Ibérica de Comunas Autónomas Libres.[163]

En un principio el Consejo tuvo representación únicamente de la CNT y la FAI, pero recibieron fuertes presiones para abrirlo a otras fuerzas republicanas. Si el Consejo quería ser reconocido tendría que cumplir unos requisitos.

> La CNT, de esencia y raigambre anarquista, que en la historia revolucionaria de España estuvo siempre en primera línea, fue también en esta ocasión la vanguardia del combate y la primera en el deseo práctico y leal de canalizar el sentido constructivo de la Revolución. Podía, consciente de su potencialidad numérica y moral, imponer su programa, pero no olvidó, en el instante de las grandes decisiones, la aportación de los otros sectores antifascistas que se hacían acreedores al derecho a legislar; [y] no quiso desatender[lo], reconociéndoles una participación en el derecho a legislar en el nuevo orden y a regir con ella el nuevo régimen que surgía. De acuerdo con este principio de equidad, que tan caro había de costarle —incluso llegando a verse postergada por los mismos a quienes dio cordial beligerancia y a los que socialmente dio vida—, redujo su criterio uniforme y aceptó por vía transactiva la fórmula económica y legal de un Estado ampliamente federalista. Ello era compatible con todo español que no añorase el ensueño dictatorial y de esta manera se recogían las mínimas aspiraciones del conjunto antifascista. Así brotó en el seno de la CNT el deseo de crear los consejos regionales de defensa y el Consejo Nacional.[164]

El 31 de octubre Benito Pabón y Joaquín Ascaso acudieron a Madrid con el objetivo de que el Consejo fuese reconocido. Se entrevistaron primero con Largo Caballero y, luego, con Azaña. Le presentaron a ambos el proyecto de Consejo, para el que habían pedido

163. Kelsey, 1987: 8-9

164. Ascaso, 2006 [1938]: pp. 26-27

asesoramiento de algunos diputados de las Cortes y de miembros del Frente Popular. Con estas aportaciones se pretendía evitar las acusaciones de sectarismo por parte de los anarquistas. Su objetivo fue conseguido y el gobierno central dio su visto bueno para la constitución formal del Consejo. El 21 de diciembre se constituyó oficialmente el segundo Consejo, que sería el definitivo. Se componía de 7 consejeros de la CNT y 7 del resto (2 de la UGT, 2 del PCE, 2 de Izquierda Republicana y un diputado no adscrito).

En estos momentos había muy buen ambiente entre las fuerzas antifascistas y esto se tradujo en pactos con contenido revolucionario. Por ejemplo, la UGT y la CNT, pactaron la libre determinación de los campesinos para que se administrasen como quisieran. Según el pacto, ambas centrales sindicales estimularían el colectivismo. [165]

De las primeras cosas que hizo el Consejo de Aragón fue constituir los consejos municipales, que sustituirían a los comités locales que surgieron en el verano anterior. Sin embargo, los proyectos de índole económica fueron los más ambiciosos:

> Pensando en la hora de la paz, vamos a dar nuevo rumbo y vigoroso empuje a la enseñanza; vamos a realizar una nueva y práctica organización de los transportes, poniendo los caminos y carreteras en condiciones de servir con eficiencia los intereses comarcales y locales, sobre cuya producción e intercambio ha de establecerse la base de nuestro florecimiento material; vamos a obtener el máximo y más adecuado rendimiento de la canalización de nuestros ríos, preparando de paso aquellas obras que den impulso decisivo a la electricidad a fin de afirmar el poderío industrial de la región.
>
> Y haremos una fecunda labor sanitaria en todos los pueblos y nos afanaremos por que en cualquier localidad, por pequeña que sea, se manifiesten las comodidades del progreso huma-

---

165. Bases de un pacto de unidad de acción aprobadas por las federaciones provinciales de Zaragoza, Huesca y Teruel de la Unión General de Trabajadores y el Comité Regional de Aragón, Rioja y Navarra de la Confederación Nacional del Trabajo. En Ascaso, 2006 [1938]: p. 807

no, acaparadas hasta hoy por la clase privilegiada y explotadora que manejaba a su antojo los intereses nacionales, con olvido de las clases productoras y con el desdén más indignante para los trabajadores.[166]

El Consejo se preocupó de reorganizar la industria de la retaguardia, orientándola hacia las necesidades de la guerra. También reabrieron las minas, reconstruyeron tramos de líneas ferroviarias, tendidos eléctricos y por supuesto las fábricas de transformación de alimentos, como la importante industria azucarera. Enlazando con el espíritu municipalista y comunalista que inspiraba el Consejo, no aceptaron la creación de consejos o comités de empresa, como sucedía en Catalunya. Se consideraba que estos organismos eran un vivero de la burguesía y que hacían peligrar la revolución. Por el contrario, la industria aragonesa quedó supeditada a los consejos municipales, que la utilizarían para beneficio de la población.[167] También se municipalizó la vivienda. Además, con el tiempo se fueron desarrollando las comarcas.

Pero el logro más impresionante de todos fue la Federación de Colectividades, fundada en el congreso del 15 de febrero de 1937. En el congreso se reunieron 500 delegados que representaban a unos 80.000 colectivistas. Formaron consejos comarcales, estructuraron las colectividades, se aprobó un programa para formar técnicos y se crearon almacenes comarcales. Como hemos indicado antes, se tomaron los municipios como elemento fundamental, territorial y económico simultáneamente.

Por tanto, los municipios colectivistas controlaban toda la producción, las ventas e ingresos. Si había déficit, debía sufragarlo el Departamento de Economía del Consejo de Aragón. En cambio, si había superávit, se debía apartar una parte para la continuidad de la industria y el resto pasaba al mencionado departamento como forma de redistribución hacia otras colectividades. Las colectivida-

---

166. Ascaso, 2006 [1938]: 35

167. Ascaso, 2006 [1938]: 125-127

des respetaron la pequeña propiedad, pero lo cierto es que pronto el colectivismo fue mayoritario. En abril ya había 140.000 colectivistas, y en el verano se superaron con creces los 300.000.

Para entonces, en muchos pueblos aragoneses ya se entendía que se estaba viviendo en un régimen de comunismo libertario. Esto implicaba no solamente factores económicos y políticos, sino también morales y sociales de convivencia.[168]

Entre las medidas sociales del Consejo de Aragón, tal vez podríamos rescatar un proyecto para establecer una seguridad social en la región (llamada "nuevos derechos" en el texto):

> A todos los Consejos Municipales, Sindicatos y Organismos obreros del Aragón liberado,
>
> Con objeto de organizar la nueva vida en el territorio aragonés rescatado al fascismo e ir consolidando las conquistas de la revolución, en sus aspectos moral y material, se propone este Departamento ponerse en contacto directo con el pueblo productor, para patentizar lo que pudiéramos llamar "nuevos derechos" de todo el que desempeña una labor útil.
>
> Uno de estos derechos, que creemos precisa bien sentados para que las clases laboriosas tengan la seguridad de que a todos espera un mañana mejor donde no existiera la miseria, es proclamar que, cuando el obrero se vea obligado, por causa de accidente de trabajo, a abandonar sus faenas habituales, todas sus necesidades serán cubiertas en la misma forma que antes del accidente, más los gastos del médico, y de medicina, y cualquier otra medida que la ciencia considere necesaria para su buena curación.
>
> Es ésta una ventaja a la que tiene indiscutible derecho el obrero que, desde hoy, ya debe exigir allí donde desempeñe sus funciones productoras.
>
> Para determinar las medidas precedentes que garanticen este derecho, nos dirigimos en breve a los Consejos municipales,

---

168. Ascaso, 2006 [1938]: 142

así como a los sindicatos obreros y a los Comités regionales de las dos grandes centrales obreras, CNT y UGT.

Es imprescindible que este Departamento se dirija a los organismos antes citados (debido a la multiformidad que existe en el régimen de trabajo en las distintas localidades de Aragón, ya que existen comarcas donde hay pueblos completamente colectivizados, otros semicolectivizados y, algunos, donde la colectivización no se ha intentado), para que le ilustren y le ayuden a hermanar los intereses locales con el interés regional y las posibilidades de la revolución, cosa que no dudamos conseguir, para lo que contamos con la buena voluntad de y la ayuda de todos.[169]

La disolución del Consejo de Aragón por la fuerza, producida el 11 de agosto, fue un mazazo para las expectativas de todos los revolucionarios de España. Las persecuciones de colectivistas y la detención de los miembros del Consejo, empezando por el mismo Joaquín Ascaso, se vivieron desde el movimiento libertario con muestras de gran rabia e impotencia. Pero también, provocaron una nueva desorganización de la economía aragonesa. Tal fue así, que meses más tarde el gobierno republicano tuvo que permitir la refundación de muchas colectividades para solucionar el caos económico que había provocado. El organismo que sustituyó a la Federación de Colectividades fue el IRA. Para gestionar la recogida de cosechas creó unas "brigadas de choque" entre los miembros de las organizaciones del Frente Popular en Aragón.

A primeros de 1938, Ascaso no lo daba todo por perdido y pedía medidas firmes y rápidas de la Confederación:

> Primero: que rápidamente se movilice la Regional aragonesa para reajustar, de una manera eficiente, su Comité Regional de Colectividades de acuerdo con los siguientes enunciados: a) no cesando en un constante ir y venir a las Colectividades, sin esperar a que estas se desplacen al Comité Regional; b)

---

169. Boletín de CRDA, núm 21, 24/04/1937

darles charlas rápidas de aliento y orientación sindical y económica; c) centralizar todas las disponibilidades económicas existentes en las Colectividades poniéndolas en manos del C. R. de C. [Comité Regional de Colectividades] y que este atienda a todas por igual, única forma de evitar un gran número de desapariciones, difíciles de levantar de nuevo; d) necesidad de hacer ver a los compañeros colectivistas la obligación que tienen de trabajar sin descanso como se hacía en los primeros meses; e) intensificar de una manera ordenada la solidaridad y apoyo en todas las faenas, de los pueblos entre sí, en las Comarcas y de las comarcas, en la Región. Segundo: solución inmediata al problema político: de no lograrse inspirar confianza completa en este aspecto, el problema de las Colectividades seguirá sin resolverse.[170]

Eventualmente, no hubo nada que hacer, puesto que la ofensiva franquista se cernió sobre Aragón en marzo de 1938. El ataque fue de tal envergadura que toda la región se hundió completamente ante el colapso del Ejército Popular Republicano. Semanas después las tropas franquistas llegaron al Mediterráneo, cortando el territorio republicano en dos. La guerra estaba casi decidida.

La situación en Castilla y en Madrid

En aquella época, la región de Castilla La Nueva incluía Madrid. La revolución social se desató de inmediato en amplias zonas, comenzando por la capital. En Madrid, la inferioridad inicial de la CNT fue suplida por su extraordinario dinamismo. En muy pocos días después del golpe de estado fallido, se formaron milicias confederales, se crearon comités en las barriadas, se incautaron grandes edificios y se abrieron ateneos libertarios por todo Madrid. La CNT también creó hospitales y escuelas a partir de los conventos o edificios señoriales que expropiaba. En pocas semanas se podría decir que la Confederación controlaba barrios enteros.

---

170. Ascaso, 2006 [1938]: 202

Sin embargo, nunca controlaron plenamente la ciudad, debido a la enorme fuerza de la central sindical socialista, la UGT. Otro factor también era el dinamismo de los comunistas, siendo Madrid su mayor feudo. Por tanto, se produjo una coexistencia de los comités de diverso signo político, según predominase una organización u otra. Todos estos comités populares antifascistas debían coexistir a su vez con el Estado, dado que Madrid era la sede del Gobierno.

A nivel sindical, la CNT solamente tenía preeminencia en dos sectores: en la construcción y en la metalurgia. El primero de ellos fue la base de las milicias, y además se dedicó a la construcción de fortificaciones en torno a la capital. En cambio, el segundo dio pie a una importante incautación de empresas.

> Cuando pasaron los primeros momentos de nerviosismo en el año 36, el Sindicato Sidero-metalúrgico de Madrid empezó a poner en marcha varios talleres, que habían sido abandonados por sus dueños; éstos, rápidamente, se pusieron a producir bajo la dirección de los propios trabajadores. A los dos meses se vió la necesidad de constituir un Consejo Técnico, que asumiera la dirección de todos los talleres. A partir de entonces, todas las peticiones de trabajo eran hechas al mismo y resueltas con la mayor facilidad; pero, un buen día, la Federación Regional de Campesinos del Centro pide, con la mayor naturalidad del mundo, que se le fabrique urgentemente 20.000 kgs. de clavos de herrar.
>
> El Consejo vió enseguida que la fabricación de los mencionados clavos era un problema un poco difícil, costoso y, desde luego, que, de emprenderse la obra, no se podían entregar lo menos en tres meses. Por estas razones se informó de los sitios donde en España se fabricaban clavos, para ver si era más económico ir por ellos que estudiar la fabricación. Los informes que obtuvo fueron de que en España no se fabricaban más que en Bilbao, y, por lo tanto, entendió que era necesario y urgente fabricarlos.

Un compañero del Consejo, muy inteligente y audaz, que hoy ya no está en él por estar ocupándose de otros asuntos más importantes, estudió el caso, y llevó un clavo, construido por él, imperfecto, pero un clavo al fin. Con arreglo al proceso de fabricación ideado por este compañero, se encargó otro miembro del Consejo de proyectar las herramientas y matrices para la fabricación en serie.[171]

Como podemos ver, desde muy pronto las empresas metalúrgicas controladas por los trabajadores – al menos las que controlaba la Confederación – estaban agrupadas según las directrices del sindicato. Además, se creó un consejo técnico administrativo, para mejorar su eficacia. Su objetivo era eliminar el trabajo improductivo y hacerse cargo de todas las especializaciones del sector.

Sin embargo, en Madrid pronto el frente de guerra estuvo en las mismas calles de la ciudad. La sensación de la capital nunca fue la de una sociedad revolucionaria, sino la de una ciudad destrozada por las bombas que luchaba por sobrevivir. Gran parte de los hombres madrileños fueron llamados a filas, quedando buena parte de sus trabajos en manos de las mujeres. La aportación de las mujeres fue la clave de la consolidación de la industria madrileña, ya que incluso se hicieron cargo de oficios habitualmente masculinizados, como la metalurgia.

Los consejos técnicos de la CNT introdujeron nuevas prácticas de trabajo, que denominaron "maquinismo". Esto no era otra cosa que el taylorismo o el fordismo de los Estados Unidos, que en la prensa libertaria se difundía como la "organización científica del trabajo". Esto se pudo ver también en Catalunya y en los pueblos y ciudades en las que las empresas colectivizadas lograron superar la atomización productiva.

En Madrid no se produjo un proceso colectivista a gran escala, pero sí hubo un control obrero en casi todas las empresas. Buena parte de estas empresas quedó en manos de la UGT, que aceptó la intervención estatal, en aras de la eficiencia. Pero, en cambio, la

---

171. El Forjador, 03/11/1937

CNT entendía que el control obrero era el primer paso hacia la socialización.

En el resto de Castilla,[172] la situación antes de la guerra era muy favorable a la UGT, que había sido la fuerza hegemónica. Sin embargo, el 19 de julio trastocó esta situación y tanto la CNT como el PCE desbordaron al sindicato socialista. La CNT ganó mucha fuerza en las provincias de Cuenca y en Ciudad Real, llegando incluso a ser la organización que tuvo mayor fuerza en ellas.

En la primera, la CNT fue dueña de la situación durante meses creándose más de un centenar de colectividades y quedando toda la industria incautada y parte del comercio puestos bajo control sindical. En la capital conquense se colectivizaron la fábrica de materiales de construcción, las fábricas de harina, así como otras del ramo de la madera. Más adelante, se socializó el sector gastronómico, así como la industria forestal.[173]

En Ciudad Real, se constituyeron importantes colectividades en lugares como Alcázar de San Juan, Ciudad Real, Membrilla, Tomelloso o Valdepeñas y en los pueblos mineros de Almadén y Puertollano los anarcosindicalistas lo dominaron todo. En Toledo el 80% de los campesinos se proclamaron partidarios de las colectividades. En Albacete se crearon colectividades en 71 de sus 86 municipios, llegando a las 100.000 hectáreas incautadas. En la provincia de Guadalajara se crearon federaciones comarcales de colectividades en todas las comarcas según las redes sindicales de UGT y CNT. Por último, en las zonas rurales de Madrid también se generalizó el proceso colectivista, afectando a unas 80.000 personas. El corredor del Henares quedó especialmente afectado por las colectivizaciones.

Lo cierto es que Castilla siguió los pasos de Aragón y llegó a las 240 colectividades hacia el final de la guerra, en las que trabajaban 22.664 colectivistas, sin contar Madrid ni Albacete.[174] A diferencia de Aragón, en las provincias castellanas las colectivizaciones fueron

172. Se ha consultado Gutiérrez Molina, 2008: 59-70

173. Rodríguez Patiño, 2006: 195-198

174. Gutiérrez Molina, 2020: 206-207

ganando fuerza durante toda la guerra y llegaron a 1939 con más fuerza que en 1936. Y de igual forma que en Aragón, cuando las colectividades llevaban un tiempo constituidas se comenzó a hablar de que en algunas se había llegado al comunismo libertario.

ANDALUCÍA Y EXTREMADURA

En la ciudad de Málaga[175] el proceso revolucionario fue más allá que en ningún otro lugar de Andalucía, quitando las localidades de la campiña cordobesa que proclamaron el comunismo libertario. Lo destacable de Málaga, la cuarta ciudad más grande del bando republicano, es que fue una ciudad bastante controlada por la CNT, aunque la central sindical socialista y los comunistas también gozaron de cierta fuerza.

Tras el golpe de estado el Comité Permanente de Enlace tomó el control de la ciudad. Este comité reunía los partidos del Frente Popular y los sindicatos. El Ayuntamiento y el Gobierno Civil quedaron reducidos a la insignificancia durante meses. El Comité se subdividía en otros comités, que funcionaban como departamentos: abastecimiento, agricultura, milicias, orden público, etc. Este último comité tomó el nombre de Comité de Salud Pública.

Las expropiaciones comenzaron casi inmediatamente, al ser incautados algunos cafés y establecimientos comerciales cuyos dueños eran simpatizantes del golpe de estado o conocidos derechistas. Estas expropiaciones se fueron convirtiendo en colectivizaciones empresariales, como la de la Casa Larios, producida el 26 de julio. Tras la incautación de la empresa se constituyó un comité de fábrica, que se encargaría de la gestión.

Las incautaciones de este tipo afectaron a todos los sectores de la producción: la hostelería, las fábricas, la construcción, los espectáculos públicos, los transportes o la marina mercante. Los trabajadores elegían sus comités de fábrica o empresa y asumían la dirección de las mismas. La clase trabajadora comenzó a ser consciente de su

---

175. Ver los vídeos de https://guerracivilmalaga.com/index.php/la-malaga-del-frente-popular/

propia capacidad y se implicó en la transformación del tejido socioeconómico de la ciudad y de la mayoría de los pueblos malagueños.

Como en otras ciudades, partiendo de los comités de fábrica iniciados en el verano de 1936, en unos meses se pasó a los comités de gestión, que fueron el paso previo a la socialización económica por sectores productivos. Esto ocurrió, por poner un caso, en el ramo de la metalurgia a propuesta de los colectivos de fábricas de camas metálicas. Hubo otras colectividades de ramo, como los carpinteros, los marmolistas, ebanistas o albañiles. La socialización se cumplió en muy pocos sectores, como los espectáculos públicos y los ferrocarriles, que abarcó todo tipo de servicios y centros de trabajo.

El resto de la provincia también vivió un importante proceso revolucionario, destacando Ronda, Antequera, y las poblaciones de Estepona, Marbella,[176] Torremolinos o Vélez-Málaga, entre muchos otros casos. En estos lugares los comités revolucionarios controlaron el poder e incautaron las tierras y los talleres, que fueron colectivizados casi por completo.

En febrero de 1937, el gobierno republicano no mostró demasiado interés por defender esta provincia. Indalecio Prieto consideraba que, si querían ser defendidos, lo deberían hacer los anarquistas, puesto que ya mandaban allí en la práctica. Esto implicaba abandonarla a su suerte. De esta forma las milicias defensoras no pudieron con el empuje de las tropas atacantes y Málaga cayó provocando un desastre humanitario, conocido como la "desbandá".

A diferencia de la provincia malagueña, en el resto de la Andalucía republicana la fuerza predominante era la UGT. En Almería, el norte de Córdoba, Granada y Jaén la FNTT tenía un fuerte arraigo, y en cambio la CNT apenas tenía organización.

En Granada, de hecho, tuvieron que refundar la organización sindical tras la debacle que produjo la pérdida de la ciudad. El único lugar donde los libertarios tuvieron predominio fue en la campiña

---

176. Ver Prieto, Lucía (1998). *La Guerra Civil en Marbella: revolución y represión en un pueblo de la costa.* Universidad de Málaga.

cordobesa. En aquella zona hubo algunas poblaciones como Bujalance, Castro del Río, Espejo o Villaviciosa de Córdoba y Porcuna, ya en Jaén, donde se proclamó el comunismo libertario en el verano de 1936.

Volviendo a Granada, la revolución se fue asentando gracias a la presencia de numerosos refugiados de la capital y a la acción de dos columnas milicianas libertarias que acosaban la capital granadina. Debido a este aporte de personas con alta politización y ganas de desquite, se proclamó el comunismo libertario, se abolió el dinero y los consejos locales tomaron el control directo de la economía. Las decisiones se tomaban en grandes asambleas populares y se crearon almacenes comunes para guardar lo colectivizado. Estas ideas tomaron fuerza en Iznalloz y en otras poblaciones de la Sierra de Baza.

En muchos otros lugares el control estuvo en manos de los sindicatos CNT y UGT, que nombraron los comités para gestionar lo público, la economía y alguna milicia que tuviese el pueblo. En estos casos no se colectivizó toda la economía local, sino solamente la de aquellos vecinos que así lo quisieran, respetando la propiedad privada. Según avanzaba la guerra los comités desarrollaron más reformas, arrogándose la legitimidad republicana, pero en la práctica siguiendo con los avances que hacía la revolución social en Andalucía. En la comarca de Guadix se crearon colectividades agrarias en Alamedilla, Alcudia, Aldeire, Hernan Valle, Cortes de Graena, Ferreria, Fonelas, Gor, Jerez del Marquesado, La Peza, Marchal, Purullena y Pedro Martínez. Guadix mismo, así como Huéscar, fueron otros pueblos con una colectividad importante. En Guadix las mujeres impulsaron el taller del ramo del vestir, fábrica que ocupaba a cientos de personas.

En cambio, en las zonas cercanas a Granada se dieron casos de "colectividades fingidas", que no cambiaban su situación respecto a antes de la guerra:

> obreros ociosos en las plazas comentando las noticias de la guerra. Eso sí, muchas banderas y símbolos, como si se fuera a celebrar alguna feria. Hay también muchos letreros en

casas y fábricas que ponen "Incautado por el Comité". Pero en realidad, dentro de esos edificios sigue predominando el Amo.[177]

En la zona de Motril las colectividades estaban tan mal orientadas que no eran colectividades de verdad, sino un reparto de la propiedad del patrón a un obrero o a varios de ellos, sin el menor espíritu colectivo. Para revertirlo se creó un Consejo Económico de Colectividades para establecer una verdadera colectivización y cubrir las necesidades.[178]

En el Pleno Regional de Campesinos celebrado en Baza, celebrado a comienzos de octubre de 1936, se estructuró la organización confederal en el campo andaluz. Del sindicato se pasaba a una federación comarcal que no atendía los límites comarcales o provinciales, sino a las zonas de cultivo y producción. Los sindicatos o federaciones locales sin comarcal o provincial deberían formar una Regional por sí mismos, o federarse directamente a la Confederación Nacional. En las capitales de provincia debería funcionar un comité de relaciones, pagado por las federaciones comarcales, que a su vez debía estar en contacto con el Comité Regional. Se eligió Baza como sede de la Federación Regional de Campesinos de la CNT. Por último, las federaciones de campesinos deberían organizarse en la Federación Nacional de la Industria Agrícola.

En resumidas cuentas, en Granada la CNT se expandió rápidamente por toda la provincia a pesar de la hegemonía ugetista. Esto orientó la organización de campesinos de la Confederación a implantar un sistema colectivista avanzado, inspirado en la Declaración del Comunismo Libertario.

> **"DICTAMEN SOBRE EL PUNTO DEL ORDEN DEL DÍA 'NORMAS A SEGUIR EN EL CONTROL DE LA PRODUCCIÓN Y EL CONSUMO EN LOS PUEBLOS'**

---

177. Fragmento del semanario cenetista *Hombres Libres*. Citado en Fernández Andújar, 2021: 327

178. Fernández Andújar, 2021: 335.

Reunida la Ponencia que después de un reflexivo estudio sobre la situación actual, por que atraviesan los pueblos de la provincia de Granada; teniendo en cuenta de que cada pueblo tiene unas características de medio y forma de trabajo y siembra, así como en general de las labores de la tierra, puntualizamos las siguientes orientaciones, para que cada localidad pueda tener una dirección en sus trabajos de producción, estando ella dentro de las más recias premisas de nuestros principios federalistas.

Contando con que el Pleno tome en consideración nuestras apreciaciones, sometemos los siguientes puntos a las diferentes delegaciones que asistan al mismo:

1.º Para mayor afianzamiento de la actual transformación que se opera en nuestro país, remarcamos la necesidad de que se constituya en cada pueblo un Comité compuesto de la C.N.T. y U.G.T., como organismos directos y responsables, y si existiese una de ellas, tan solo sería la que se haría cargo de los mandatos que los trabajadores le confiasen, y por el contrario, si los compañeros de la U.G.T. están conformes con este dictamen, se pondrían en relación con nuestro organismo Provincial para su control inmediato.

2.º Para que las faenas de la tierra tengan su verdadero desarrollo en todas sus actividades de producción, se debe ir a la creación de Comisiones mixtas de producción que abarque todas las ramas especialidades que están relacionadas con los trabajos de la tierra, así como de avicultura y ganadería.

La misión principal de esta Comisión es la de velar por que la producción tenga su máximo y no sea saboteada por abandono o intenciones personales.

3.º Las incautaciones se deben a los organismos constituidos por las dos centrales sindicales, siendo controladas las tierras y administradas, así como recogida su producción, en pequeño propietario será respetada en beneficio del pueblo.

4.º La producción creada por él incluso se le dará toda facilidad para que éste se acerque cada vez más a la conveniencia de la comunidad del pueblo, enviando los productos para el consumo general.

5.º El Comité de Unidad Sindical ejercerá el control de toda la producción adquiriendo los materiales necesarios para la siembra, recolección y labranza de la tierra.

6.º Como base de relación con los otros pueblos, cada Comité llevará cabo el intercambio de materiales, nivelando el valor de los productos según el precio corriente de los mismos.

7.º El Comité, para su buen desarrollo, deberá llevar estadísticas de los habitantes que están en pasivo y los que, por el contrario, están en activo, para saber con los elementos que cuenta para los trabajos, así como para distribuir los alimentos según el número de cada familia, racionando por gramos las necesidades materiales de cada una de ellas. Al decir pasivo, aclaramos que éstos son los que por su mal estado de salud o edad no pueden contribuir con su esfuerzo a la producción.

8.º Las tierras incautadas pasarán a poder de la colectividad, no siendo repartidas y si solo el trabajo a aquellos que se crean que tienen la suficiente capacidad física y profesional para trabajar y producir el máximo de beneficios.

Para mayor facilidad, ampliamos los puntos arriba indicados, con los siguientes datos, para mayor garantía, de nuestras orientaciones.

1.º Los Comités llevarán una relación de los trabajadores útiles para el trabajo, así como de sus familiares.

2.º Relación de armas y distribución de éstas a la guardia por el Comité de acuerdo con el pueblo, turnándose a los trabajadores rigurosamente en el servicio.

3.º Incautación de cereales y herramientas de labranza:

Con arreglo a las familias que componen el pueblo se dejará la cantidad necesaria para el consumo y siembra del año, y el resto pasará a un depósito para cuando sea necesario intercambiarlo por otros artículos de primera necesidad, tales como el café, azúcar, ropa, etc., etc.

4.º Incautación de animales para el trabajo:

Estos serán repartidos por yuntas, diariamente, a los lugares adonde sean necesarias, y en tiempo de descanso quedarán en las cuadras de los que los poseían. Si alguno poseyera más de una yunta, las que le sobren pasarán a otro compañero que no cabras, gallinas, conejos u otros, se tenga ninguna.

5.º Los animales, así como cerdos, les dejarán en proporción de cada familia lo siguiente: Por cada dos personas, un cerdo, una cabra, dos gallinas, cuatro conejos.

Este racionado de distribución se irá aumentando cada dos personas del número de familia. Aquellos casos excepcionales se resolverán según las circunstancias de las familias. El ganado sobrante pasará a los lugares donde falte, para que estos pueblos manden otros artículos como lo es el embutido, el arroz, etcétera. En caso de faltar parte de lo anteriormente expuesto, los pueblos se encuentran en el deber de surtir de todo lo necesario a los que les falten, sin necesidad del intercambio, por creer que esto es un sentido humano y de solidaridad común. Considerando que hay pueblos que por su poco rendimiento de la tierra no producen lo suficiente, y como en realidad debemos de producir con arreglo a nuestras fuerzas y consumir con arreglo a nuestras necesidades, nos encontramos en el deber de ayudarles a aquellos pueblos que producen menos de lo que necesitan, entregando lo suficiente para cubrir las necesidades de sus habitantes, por razones de la naturaleza o por contratiempos de la misma.

6.º En la Comuna, o sea el lugar donde se almacene toda la producción, será donde se repartirán por igual los artículos de primera necesidad, siendo el racionado el siguiente, mientras duren las circunstancias anormales del momento actual: Serán racionados aquellos artículos de primera necesidad que escaseen, teniendo preferencia siempre los enfermos, niños y ancianos. En este caso, los Comités convocarán a todos los trabajadores y al pueblo en general para que sean discutidos cuáles son los artículos que más han de ser racionados.

7.º Tendrá derecho a consumir todo el pueblo por igual, tanto los hombres como las mujeres y niños, evitando por todos los medios el favoritismo y privilegio, y como deber han de trabajar todos los que estén útiles para hacerlo, así como los inútiles parciales se dedicarán a aquellas otras labores que puedan desarrollar, exceptuando a los menores de quince años y mayores de sesenta: las mujeres se dedicarán a aquellas labores fáciles o trabajos que antes efectuaban, así como a amasar pan, coser ropa y ayudar en todo lo que sea posible a los hombres, puesto que muchos de ellos se necesitan hoy para empuñar las armas contra el fascismo.

8.º Los Comités de los respectivos pueblos facilitarán la relación de toda la existencia al Comité de Enlace de la Comarcal que será quien controle la producción y consumo de la misma.

9.º A los compañeros que son útiles para el trabajo se le controlará por medio de unos carnets de productores, o cartones semanales, en los cuales el Comité de taller, campo o construcción, sellarán diariamente al comparecer al trabajo, y este cartón o carnet será presentado en la Comuna, donde se facilitará el comestible diario. Si por el contrario el carnet o cartón se presentara sin el respectivo sello diario del Comité de Trabajo, es prueba de que éste no ha comparecido al trabajo, y no pudiendo comprobar con un motivo justificado su falta a la producción le será negado el sustento diario, por vago y holgazán. En los casos excepcionales serán resueltos y discutidos en una asamblea del pueblo, para su deliberación y actitud al tomar con este individuo indeseable.

Al terminar el presente dictamen creemos reflejar el sentir del momento, marcando una nueva vida a los pueblos en sus convicciones de igualdad económica, exponiendo así la forma de convivencia más positiva y más en realidad, dando con ello un razonado juicio sobre la transformación presente: así como haciendo ver a los pueblos, que solo ellos, y para ellos, pueden solucionar sus problemas, sin la necesidad de acudir a otras segundas personas, representantes o intermediarios, para solucionar sus problemas, como ya dejamos dicho.

Al mismo tiempo creemos acogernos a los acuerdos tomados en nuestro último Congreso Nacional, celebrado en Zaragoza, sobre la Ponencia de concepto del Comunismo Libertario.

Damos nuestra conformidad al presente documento y a lo cual firmamos en Guadix, a 3 de Octubre de 1936

Por la ponencia: A. Morales Guzmán, Miguel Cola, Antonio Paniza, Francisco Maroto, José Carmona y Antonio Ballesteros.[179]

A pesar de estas intenciones, la Federación Regional de Campesinos de Andalucía no se constituyó formalmente hasta el verano de 1937. Las colectividades agrarias andaluzas se desarrollaron como alternativa sindical a la crisis campesina de los años 30. La revolución de 1936 era la culminación de todos los esfuerzos del campesinado andaluz y de la enorme conflictividad que se había dado no solo en Andalucía sino en el conjunto de España.[180] Las colectividades pretendían la mejora inmediata de las condiciones de vida de los colectivistas y sus familias.

Al igual que en Granada, en la provincia de Jaén, la UGT era hegemónica en el campo. Tras la sublevación apareció la CNT con cierta fuerza, sin embargo, nunca tuvo la pujanza de otros lugares, ni fue decisiva para el proceso colectivista. La colectivización se hizo pasando por encima de los deseos de garantizar la propiedad privada del PCE y las JSU de la provincia, pero sin ser este esfuerzo obra del anarcosindicalismo.[181] Pero en Jaén no solo se colectivizó el campo, sino también la electricidad, la construcción, la minería, la madera y, sobre todo, el sector agroalimentario, comenzando por la potente

---

179. Solidaridad Obrera, 11 de Octubre de 1936, nº 1.402 (6ª Época), pág. 5

180. Garrido, 2008: 212

181. Garrido, 2008: 201

industria aceitera. Solo de este sector se contabilizaron 81 fábricas incautadas y puestas bajo control obrero.[182]

Así pues, las colectividades se impusieron al margen de las dos centrales sindicales y de los partidos políticos. La UGT nunca pretendió implantar la nacionalización de los medios de producción, ni la CNT implementó la sindicalización o la comunalización de los mismos. Los verdaderos protagonistas del colectivismo en las provincias del nordeste de Andalucía fueron los trabajadores en su conjunto, y no solo las bases de los sindicatos o de los partidos.[183]

Esto también se pudo constatar en el norte de Córdoba, zona de predominio de la UGT. En estas zonas las incautaciones y su entrega a los sindicatos fueron la norma, mientras que las colectivizaciones fueron realizadas generalmente a través del IRA. Sin embargo, hubo unas semanas del verano de 1936, en las que se proclamó el comunismo libertario en las zonas de predominio anarquista, en la campiña cordobesa, el valle del Guadiato o el valle de los Pedroches. El avance de las tropas franquistas liquidó estas breves experiencias, que pudieron haber influido mucho más en el conjunto del campo andaluz de haber durado más tiempo.

En Peñarroya, de mayoría socialista, a pesar de su importancia minera e industrial tampoco se pudo desarrollar el proceso colectivista debido a la inestabilidad que produjeron los ataques nacionales. La mayoría de la población tuvo que abandonar el pueblo.[184]

Por último, cabe mencionar que en la provincia de Almería, si bien también se desató el proceso revolucionario, las autoridades republicanas lograron encauzarlo. Las empresas eléctricas, la marmolería, también gran parte de las tierras, quedaron incautadas hasta 1939.

En el caso extremeño, al caer casi toda la región en manos del ejército franquista en agosto de 1936, poca revolución se pudo ver. Únicamente quedaron en la zona gubernamental las comarcas pa-

---

182. Gutiérrez Molina, 2020: 47

183. Garrido, 2008: 214

184. Gutiérrez Molina, 2020: 52-55

censes de La Serena y La Siberia. En sus pueblos se crearon unas 16 colectividades. Sin embargo, la fórmula de trabajo colectivo mayoritaria que se dio en Extremadura fue la cooperativa. En este caso, además de encargarse de la distribución o el comercio, también gestionaron algunas fábricas y talleres, que prefirieron esta forma al control sindical. Lo cierto, era que el anarcosindicalismo era débil y el Partido Comunista bastante fuerte en la región.

LAS POSICIONES MARXISTAS ANTE EL COLECTIVISMO

Cabe mencionar en esta obra las distintas posiciones respecto a las colectividades que defendieron los tres partidos mayoritarios del espacio marxista: el PSOE, el PCE y el POUM.

Comencemos por el Partido Socialista. Ante la desarticulación del estado en julio de 1936, los líderes del socialismo plantearon levantar rápidamente una economía de guerra. Esto se llevó a cabo durante el gobierno de Largo Caballero, mediante la intervención estatal. Así pues, para los líderes socialistas y ugetistas la economía republicana se parecía más una economía de guerra que a una economía socialista.[185]

Sin embargo, en el seno del movimiento socialista existió una fuerte corriente favorable a levantar una Nueva Economía. La lentitud del proceso colectivizador desde el estado, hecho a través del IRA, y la aparición de federaciones de campesinos anticolectivistas en algunas provincias, impulsadas por el PCE, radicalizaron las posiciones entre los campesinos de la UGT y a la postre sirvieron para que los distintos gobiernos encabezados por Juan Negrín respetasen, a su pesar, las colectivizaciones.

Ya hemos visto que mientras los líderes socialistas pretendían controlar la economía desde el estado, con la militarización, nacionalización o municipalización, la UGT seguía favoreciendo el colectivismo, si bien bajo tutela estatal. A lo largo del año 1938, las continuas derrotas militares, provocaron un aumento de la estatali-

---

185. Gabriel, 2011: 242

zación de la economía, sometida a una creciente militarización bajo el gobierno de Negrín.

Por su parte, los comunistas prosoviéticos, a pesar de comenzar la guerra exigiendo la incautación de los bienes y las empresas de los facciosos, enseguida consideraron que no era el momento de desencadenar una revolución social. En aquellos años era la Internacional Comunista la que decidía la línea que debían seguir los partidos comunistas nacionales. Así pues, siguiendo la política estalinista marcada por Moscú, el PCE y el PSUC denunciaron las colectividades como causa –y no como consecuencia– de la desorganización de la economía. Atacaron las colectivizaciones agrarias mucho más que las industriales puesto que, según ellos, perjudicaban la producción y el funcionamiento normal del mercado.[186]

Los comunistas se pusieron de parte de los pequeños propietarios, mientras que se nacionalizaba la propiedad de los grandes terratenientes. Las colectividades agrarias deberían ser voluntarias y a los campesinos solo se les debería conceder el usufructo y no la propiedad de la tierra. Para ello, el ministro de Agricultura, el comunista Vicente Uribe, impulsó el IRA, como institución de la gestión de la tierra. Sin embargo, hay que mencionar que el miedo a perder las cosechas en el verano de 1937, hizo que el propio ministro comunista aprobase el decreto del 8 de junio que legalizaba las colectividades agrícolas, aunque no renunciaba a su estatización.[187] Esta concesión se hacía en aras de la producción y de la necesidad de garantizar el funcionamiento del país.

A nivel general, la política económica del PCE coincidió con la de Juan Negrín, a quien los libertarios siempre acusaron de ser un "criptocomunista", es decir, de estar al servicio de los intereses del Partido Comunista, antes que a los de su propio partido.

Por último, el POUM siempre defendió la toma del poder por parte de la clase trabajadora. Así que también se mostró favorable a la colectivización. Su apuesta era la fusión de las dos centrales sindica-

---

186. Garrido, 2008: 297-298

187. Gabriel, 2011: 247

les en una gran agrupación obrera, así como la fusión de los partidos socialistas y comunistas. Sin embargo, en contradicción con su programa revolucionario, colaboró con el resto de fuerzas antifascistas en los comités y gobiernos de los territorios en los que tuvo fuerza, básicamente en Catalunya.

En lo fundamental el POUM coincidió con la CNT, planteando la colaboración antifascista, en lugar de tomar el poder a través de los organismos potencialmente revolucionarios que nacieron en el verano de 1936: las milicias obreras y los comités revolucionarios. La destrucción del partido en mayo de 1937 terminó en la práctica con esa alternativa al estalinismo. Sin embargo, continuó operando desde la clandestinidad. Para enero de 1938, el diario *La Batalla* se mostraba crítico con el viraje de la CNT y defendía el cooperativismo, por entonces atacado por la Generalitat.[188]

Con posterioridad a la guerra, las distintas corrientes de la izquierda comunista, como el consejismo, indicaron el que contrapoder revolucionario tendría que haberse hecho cargo de la situación y que los comités eran el organismo revolucionario adecuado. Sin embargo, en la práctica estos comités fueron fieles a sus propias organizaciones políticas y sindicales que los habían nombrado y nunca se articularon de abajo a arriba para sustituir al "estado burgués". Esta exposición es compartida por parte del anarquismo, comenzando por la agrupación de Los Amigos de Durruti, de 1937 y sigue vigente hoy en día en muchas apreciaciones sobre la guerra.[189]

---

188. Garrido, 2008: 297.

189. Ver Guillamón, 2013, 2015 y 2015.

El dilema de la CNT

La misión del anarquismo, en lo que respecta a la futura socialización, es, pues, hoy, reforzar esas instituciones de tipo colectivista cuyo nacimiento ha sido impulsado particularmente por los anarquistas, aunque gentes de otros sectores hayan colaborado en su realización, forzadas por el ambiente. Y evitar todo intento de mixtificar el carácter de esas instituciones. A ello se tenderá, en lo sucesivo, cada vez con mayor intensidad. Salvo los anarquistas, quién más, quién menos, tratará de ensanchar, no de menoscabar, las bases del Estado. Y aquí está el verdadero peligro. Cuanto más poder adquiera el Estado, menos tendrán las instituciones que, a través del colectivismo, marchan hacia la socialización. Aunque el Estado adoptara el nombre de socialista, no habría tal socialismo. En todo caso, nacionalización, que no es lo mismo, ni mucho menos, aunque no pocos teóricos socialistas de última hora lo afirmen. La nacionalización no desembocará nunca en el socialismo, sino en el capitalismo de Estado, tan aborrecible como cualquier otra especie de capitalismo. Contra esta contingencia tenemos que estar preparados. Ninguna otra nos amenaza con tanta probabilidad.

Tiempos Nuevos, sept.-oct. 1937, p. 8

La pérdida de Málaga, en febrero de 1937, supuso un duro golpe moral para la república en general y para el anarquismo en particular, puesto que la capital andaluza era uno de los bastiones del anarcosindicalismo. La catástrofe humanitaria que acompañó su caída era un pésimo presagio que solamente mitigó la victoria republicana en Guadalajara. A Málaga le siguieron Bilbao en junio, Santander en agosto y Gijón en octubre. La república se desangraba y el fascismo ganaba territorios a marchas forzadas.

El estancamiento de los frentes de Madrid y de Aragón, fueron otro aspecto de la desazón con la que se acabó el año 1937. Por ejemplo, la ofensiva republicana para conquistar Zaragoza, más conocida como la batalla de Belchite, fue otro sonoro fracaso. A efectos prácticos el Ejército Popular Republicano avanzaba unos kilómetros. Sin embargo, lo hizo a un altísimo coste en vidas humanas. Y, por si fuera poco, a costa de las mejores unidades de la misma Confederación, que fueron utilizadas de tropas de choque.

En septiembre tuvo lugar en Valencia el Pleno Nacional del Movimiento Libertario.[190] La importancia de este Pleno radica en el cambio de línea estratégica de la Confederación. El contexto es la derrota de las posiciones revolucionarias en Barcelona en mayo, el ataque a las colectividades de Aragón en agosto, la presencia de miles de cenetistas encerrados en las prisiones republicanas, la batalla de Belchite... situaciones que generaban hondo pesimismo en la CNT. La conclusión general del movimiento libertario era que solamente contaba con sus propias fuerzas y que nadie más le ayudaría.

> El fracaso absoluto de las negociaciones de tipo diplomático, en las que puso toda su confianza el Gobierno actual, cierran la esperanza durante algún tiempo alimentada, de que las potencias se decidieran a abrir la mano y facilitar la ayuda a España, ya que no ayudarla directamente.
>
> La realidad es, pues, esta: quedaremos absolutamente reducidos a nuestras propias fuerzas y que toda la salvación debemos buscarla sola y exclusivamente en nosotros. ¿En quienes? Seria pueril pensar que los republicanos, que buena

---

190. Para resumir este pleno me he basado en la ponencia base titulada "Dictamen emitido por la ponencia nombrada por el Pleno Nacional de Regionales, para tratar el Tercer Punto del Día". Carpeta 41.A.5 Fondo CNT (España). Archivo de Ámsterdam.

parte de los socialistas y que todos [los] elementos tibios que constituyen el actual gobierno y cuantos no intervinieron de manera decisiva y heroica en la lucha contra el fascismo el 19 de Julio y en los meses que le han seguido, pueden ser las fuerzas determinantes de esta resistencia, que habremos de hacer desesperada y a la que habremos de dedicar todas nuestras energías, convencidos como estamos de que del triunfo o del fracaso de la Revolución en España depende la suerte y el porvenir del proletariado universal.

[...]

Y han de ser los camaradas los que, con tesón, con entusiasmo, con conocimiento de causa, sabiendo la realidad de la situación y comprendiendo que, como decíamos antes, la salvación solo está en nosotros, impongan en los demás sectores los sacrificios individuales y colectivos, [...] No aspiramos, no podemos aspirar a ser los solos factores determinantes de esta política de guerra, en el frente y en la retaguardia, [...] De ahí que, en nuestro programa, una vez más, nos ratificaremos en la necesidad de mantener la colaboración con los demás elementos antifascistas [...][191]

A grandes rasgos, el Pleno aceptaba la tesis de que no era posible imponer un solo sistema económico en España y que los diversos proyectos socioeconómicos (republicanos, liberales, socialistas marxistas o cooperativistas) debían coexistir. El Pleno proponía crear un Consejo Técnico Asesor formado por representantes de las organizaciones obreras, del estado y de los municipios.[192] Se constataba que había ramas de la economía que debían ser nacionalizadas (tales como la industria de guerra, la industria pesada, el comercio exterior, las minas o la banca y el crédito) y otras municipalizadas (la vivienda, los servicios públicos, la sanidad y la asistencia social),

191. "Después del Pleno de Regionales. A todos los militantes del movimiento Confederal y libertario". Valencia, 17/09/1937. Carpeta 41.A.4 Fondo CNT (España). Archivo de Ámsterdam.

192. Ídem.

mientras que la industria privada, la distribución y la agricultura tendrían que ser colectivizadas. Otro aspecto, era la aceptación del cooperativismo como ligazón necesaria entre consumidor y productor para evitar la especulación. A partir de entonces, toda la economía se supeditaría a la guerra, ante la inminente caída de Asturias y el fracaso de la batalla de Belchite.

Estamos ante un cambio importante de paradigma en la CNT-FAI, que proponía la implantación de una república federal. Sin embargo, por ahora se trataba de un federalismo no solo territorial sino también económico, en el que podría haber territorios con un modelo socioeconómico como el que propugnaban los socialistas, otros como los que querían instaurar los anarcosindicalistas y otros como quisieran los republicanos. Notemos que ya no se estaba hablando de comunismo libertario, que quedaría como una aspiración lejana.

Para incidir en esta idea, citemos el *Manual del Militante de la CNT*, publicado en octubre de 1937. Este documento explica la línea oficial en el movimiento libertario de entonces. Según el manual, los anarcosindicalistas entendían que la República Federal estaría compuesta, en cada localidad, por un partido republicano único, un partido socialista único, un partido libertario único y una asociación de trabajadores única. Cada Consejo Municipal sería elegido por sufragio. La mitad de los puestos los tendrían los partidos y la otra mitad la asociación obrera.[193] El sindicato y el municipio eran los elementos fundamentales de esta nueva sociedad que el propio texto llega a llamar "estado sindicalista".

Así pues, mientras el Consell de la Generalitat y el gobierno central aumentaban la intervención en cada vez más sectores de la economía mediante las nacionalizaciones,[194] la CNT había aceptado que era inevitable que muchas industrias las gestionase el Estado, y se preparaba para defender todas las demás.

---

193. Escuela de militantes de Cataluña (1937). *Manual del Militante. El libro de la organización para la organización.* Ed. Oficinas de Propaganda CNT-FAI. Barcelona. pp. 140-144

194. Barnecker, 1980: 340-341

Era evidente que la revolución había entrado en una fase completamente diferente. La mayoría de autores la entienden como de retroceso y declive. Los desastres militares, la falta de apoyo internacional, la falta de alimentos, suministros y materias primas, hicieron que la CNT se replantease todo su programa. Fue en ese momento en el que el movimiento libertario comenzó a tener un programa económico concreto.

LA CENTRALIZACIÓN DE LA ECONOMÍA CONFEDERAL

El 11 de enero de 1937, los sindicatos de Alimentación, Espectáculos Públicos, Profesiones Liberales, Químicas y Sanidad presentaron una ponencia para el Pleno Local de Sindicatos de Barcelona. Su proyecto esbozaba la constitución de consejos de economía, control y estadística. Este tipo de consejos se crearían en los centros de producción (en las empresas) y en los sindicatos. Su objetivo era la organización técnica de la producción, el control administrativo y la estadística. Después proponían la escalada federativa de estos consejos, primero a nivel local, luego regional y finalmente a nivel nacional, formando el *Consejo Nacional de Economía, Control y Estadística Confederal*. De momento se le concedía al Consejo Nacional el rol de fiscalizar la administración y velar por el buen funcionamiento de los consejos inferiores.

Otra propuesta era la creación de una Caja de Regularización e Iniciativas de carácter transitorio, con capital que procedería de los beneficios empresariales, para financiar otros proyectos. Entendían que se debería ir hacia un Banco de Crédito Confederal, que absorbería la totalidad de operaciones financieras de la Organización. Este banco debería estar tutelado por el Consejo Nacional. Por fin, terminaban la ponencia, animando a la creación de los cuadros técnicos para que se pudiesen cumplir las funciones de la Nueva Economía.[195] El proyecto se remontaba a primeros de 1937[196] y se debatió desde entonces en todos los comicios confederales. Ya hemos visto que en el Congreso Extraordinario Regional de Catalunya del 14 de febrero se aprobó una ponencia que apuntaba en esta dirección. Estas ideas estuvieron circulando por los comités sindicales y en ellas se formaron militantes en las federaciones de industria de la CNT durante todo el año 1937. Un año después la Confederación ya estaba madura para llevar a cabo semejante proyecto.

Del 15 al 23 de enero de 1938 el movimiento libertario llevó a cabo en el Teatro Serrano de Valencia el Pleno Nacional Ampliado al que denominaron como el "Primer congreso de carácter constructivo celebrado en la España antifascista desde el 19 de Julio". Participaron en los debates unos 800 delegados que representaban a 1.700.000 afiliados, según las cifras que aportaba la CNT. En sus aspectos económicos lo más reseñable fue la creación del Consejo Económico Confederal (CEC), propuesto por Mariano Cardona Rossell en el mes de agosto de 1937 (ver anexo 1), que fue cuando entró dentro de los planes de la organización confederal. En el Pleno, Cardona también presentó otras ponencias, tales como la de la planificación de la industria, la del salario familiar o la del banco sindical.

El CEC servía para ayudar a las empresas colectivizadas, talleres confederales, colectivizaciones campesinas, cooperativas y agrupaciones sobre cuestiones relacionadas con la legislación y arbitrajes; con la moneda, crédito y previsión; con la explotación de industrias y servicios; con las materias primas y sucedáneos; y con la distribución y el comercio exterior. Hacía desaparecer las empresas superfluas o las transformaba para mejorar su producción. A falta de un Consejo Nacional de Economía, la CNT daba un paso adelante.

195. "Dictamen que presenta la ponencia nombrada para la elaborar la estructuración de los Consejos Confederales de Economía, Control y Estadística", 11/01/1937. ANC1-886-T-3641 (Arxius en Línia, procedente del CDMH, PS_BAR_C0528_Exp007)

196. Por ejemplo, ver Amezcúa, *Mas en pro de la Banca Sindical*. 28/02/1937, p. 2

«cómo podría realizarse una efectiva planificación de las industrias, sin aguardar a la creación del consejo nacional de economía, organismo oficial de base mixta estatal sindical, que sería el llamado a poder realizar esa visible necesidad económica.

» Dictamen que presenta al Pleno nacional ampliado de carácter económico de la CNT la Ponencia nombrada para los apartados b), c) y d) del décimo punto del Orden del día.

» Planteado en el apartado b) del 10º punto del Orden del día cómo podría realizarse una efectiva planificación de las industrias en las condiciones apuntadas en dicho apartado, y habiéndose puesto de manifiesto, al debatirse los extremos del expresado punto 10º, la completa identificación del Pleno con las explicaciones dadas por el Comité nacional confederal y diversas delegaciones, esta Ponencia considera que su dictamen debe limitarse a hacer constar estos antecedentes y a proponer solemnemente al Pleno que se ratifique de un modo más concreto, trazando someramente las líneas o alcance que deba dársele, la planificación motivo del apartado b), señalando la naturaleza de las normas que se piden en el apartado c), y precisando las facultades que se conceden al Consejo Económico Confederal para cumplimentar lo previsto en el apartado d); por todo lo cual esta Ponencia por unanimidad propone al Pleno la adopción de los siguientes acuerdos:

» 1.º El Pleno no considera indispensable, de ningún modo, aguardar a la existencia de un Consejo nacional de Economía de tipo oficial instituido sobre la base mixta estatal sindical, y con mayoría efectiva e igual representación de ambas centrales sindicales, para la puesta en práctica de una planificación general de las industrias que permita obtener el máximo incremento posible de la producción, el perfeccionamiento de la misma, el abaratamiento de los productos o reducción de su precio de costo o simplificación o reducción de intermediarios entre el productor y el consumidor, y, mediante el debido aprovechamiento de los recursos naturales del país, la obtención de sucedáneos o sustitutivos de las primeras materias que son objeto de importación y la transformación, mejora o ampliación del utillaje, maquinismo y herramental actualmente utilizados para lograr una efectiva reconstrucción económica de las industrias y de la economía nacional en cuanto se refiere en aquella parte de la economía nacional controlada, colectivizada o que, de modo efectivo, dependa de los organismos económicos de nuestra central sindical.

» 2.º Queda facultado el Consejo Económico Confederal para preparar y resolver sobre la ejecución de un amplio proyecto o programa de planificación de toda la economía confederal, sujeto a las dos siguientes condiciones:

» a) Que inicie con toda urgencia el estudio previo necesario para la elaboración del proyecto de planificación general de la economía con federal, debiendo tener completado su estudio y adoptada una resolución sobre el mismo en el término máximo de cuatro meses a contar de la fecha en que la Organización haya resuelto de modo definitivo sobre el proyecto del Orden del día, o sea, «Reajuste de trabajos de industria».

» b) Que el proyecto que elabore y haya en su día que poner en práctica el Consejo Económico Confederal, tenga la especial característica de contener aquella generalización necesaria para que abarque la visión completa (lo más completa posible) de la total economía nacional, y, de este modo, al realizar la planificación en lo tocante a economía confederal, sea ésta a manera de una realización parcial de las previsiones totales de la planificación económica general, estimada como indispensable por el Consejo Económico Confederal para obtener los resultados que se necesitan para la obra de reconstrucción nacional y de afianzamiento del proceso revolucionario del proletariado español, circunstancia que el Pleno estima debe considerarse compatible con la duración misma de la guerra contra el fascismo, por la necesidad ineludible de ir vigorizando nuestro potencial económico, aumentar nuestras reservas y preparar un favorable reajuste económico en la hora de nuestro triunfo.

» 3.º Se faculta al Consejo Económico Confederal para que pueda acordar en sus reuniones plenarias cuáles son las industrias que en virtud de la planificación que habrá de llevar a cabo deberán ser motivos de transformación, traslado, suspensión o desaparición, quedando únicamente obligado a que sus resoluciones contengan las dos siguientes garantías:

» a) Que la eventual determinación de la suspensión o cierre de algunas industrias establecimientos sea motivada por causa de la obtención de una efectiva economía o reducción en el precio del coste del producto o servicio que con mayor gasto se obtiene en determinada fábrica, taller, granja, etc.; tendiendo, por consiguiente, a que su resolución sea puramente objetiva y económica, considerando el conjunto de la España leal como una unidad completa sin diferenciaciones regionales ni de otro orden.

» b) Que no se proceda a la suspensión o cierre de ninguna fábrica, taller, granja, mina, etc., sin que previamente se haya logrado encontrar un acoplamiento del trabajo para los productores que podrían quedar en paro si esta condición no fuese tenida en cuenta. Por tanto, el paro no podría producirse en ningún momento por causa de la puesta en práctica de la planificación de la economía confederal.

» Interín llega el momento de poderse llevar a cabo la planificación general proyectada, quedan autorizados todos los Sindicatos de Industria y Federaciones regionales y nacionales de Industria y las Regionales confederales por sí mismas, o coordinadas con los organismos de gestión o dirección económica de carácter regional, de zona, o comarcal o local, de sus respectivas regiones, para poder realizar, en la medida de lo posible, la finalidad prevista en el propósito del Pleno de llegar a la planificación de las Industrias, bien entendido que cualesquiera que sean las decisiones adoptadas por dichos organismos y la naturaleza de las mejoras introducidas, cambios producidos, etc., quedarán supeditados a lo que señale la planificación acordada por el Consejo Económico Confederal, tan pronto la misma sea hecha pública o comunicada a las respectivas Federaciones nacionales y Comités regionales confederales afectados.

» Valencia, 24 de enero de 1938. Por el Comité nacional de la CNT: M. Cardona Rosell. Por la Federación local de Sindicatos Únicos de Barcelona: Fernando Alemany. Por la Federación comarcal del Cardoner y Alto Llobregat: F. Daniel Cuevas. Por la Federación local de Sindicatos Únicos de Madrid: Julián Fernández. Por la Federación local de Sindicatos de Industria de Mataró: Miguel Suñé Atanasi. Por la Federación local de Sindicatos de Industria de Valencia: R. Cebrián.»[197]

El CEC, mediante los consejos locales, comarcales o regionales, controlaba el gasto de todas las unidades económicas confederales (talleres socializados, tiendas o establecimientos colectivos, empresas colectivizadas, cooperativas de producción o de consumo, empresas mercantiles, sindicatos o federaciones). Los consejos tenían una limitación de los gastos que podían autorizar según su ámbito territorial, pasando del 10% en el caso del consejo local al 30% del regional. Para autorizar gastos mayores tenía que hacerlo el CEC.[198]

Cada Consejo Local de Economía Confederal estaría compuesto por dos delegados de cada consejo técnico administrativo de industria local que quedarían reunidos en comisión permanente. A ellos se les unirían los representantes de las federaciones de industria existentes en ese municipio y otro delegado de la Federación Local de turno.[199]

---

197. Peirats, tomo III, 1988 [1952], pp. 14-16.

198. "Utilización de las disponibilidades confederales en inversiones convenientes al interés nacional del país". 16 de abril de 1938. Político-Social-Barcelona exp. 1046, carp. 2-6, pp. 3-5

199. "De los Consejos de Economía" CP-33B.3. Fondo CNT (España). IISH (Ámsterdam).

El CEC realizó muchas reuniones durante 1938 y desarrolló proyectos propuestos anteriormente, tales como la Banca Sindical Ibérica o la Mutualidad Confederal. Se preveía incluir a la UGT en el proyecto de Banco Sindical, siguiendo con el carácter unitario que reinaba entonces.[200]

El banco o caja confederal era un proyecto sobre el que la CNT llevaba trabajando como mínimo un año. El boceto de su estructura y funcionamiento fue presentado por la Sección de Banca, Bolsa y Ahorros del Sindicato de Distribución de Barcelona, a finales de 1937.[201] Paradójicamente comenzaban su exposición en el folleto desanimando la socialización de la Banca, que consideraban una medida antieconómica dado que ningún banco poseía la fuerza económica que se le atribuía popularmente y podría quebrar en caso de ser intervenido. Sorprende esta visión corporativista de la sección de banca y da pie a interpretar que esta sección podría no estar alineada con la socialización de la economía. Sin embargo, prosigamos con su propuesta de la caja.

La caja confederal estaba pensada para canalizar los caudales sindicales. Con estos fondos se financiaría el comercio y la industria vinculados a la Confederación sin cobrar las comisiones de la banca privada. Se planteaba que en la Junta de la caja debía ostentar la dirección técnica un miembro del Sindicato de Distribución (concretamente de su sección de banca) y contener representantes de las Federaciones Locales, y del Consejo Nacional de Economía. Como es lógico, podría crear sucursales locales.

Sin embargo, la petición de crear un Consejo Nacional de Economía seguía siendo ignorada por el Gobierno de Negrín y por el resto de fuerzas políticas. De esta manera, la CNT organizaría por

---

200. "Acuerdos del Pleno Económico Nacional Ampliado". Actas de Congresos y Plenos 1938. pp. 30-32. 51D.1A Fondo CNT (España). IISH (Ámsterdam).

201. "Estudio efectuado por la sección de Banca, Bolsa y Ahorro del Sindicato único de Distribución para la creación en Cataluña de una Caja Confederal de Administración y Aportaciones". 81B.4C. Fondo CNT (España). IISH (Ámsterdam).

su cuenta todo el entramado económico que administraba, puesto que para entonces el movimiento libertario era toda una potencia económica.

Desde el movimiento libertario se veía la creciente intervención estatal en Catalunya como una amenaza. En aquellos momentos Comorera, desde el Consell d'Economia de la Generalitat acababa de intervenir los Espectáculos Públicos con el argumento de que la industria cinematográfica debía ser controlada por el estado, dado que era un arma de propaganda. Los libertarios al ver la desastrosa gestión estatal de los transportes rechazaban cualquier nueva intervención, pero eran conscientes de su falta de fuerzas para resistirla.

En una reunión del Consejo Asesor de la Sección Económica del Comité Peninsular de la FAI,[202] Pablo Polgaré pidió medios contundentes para impedir el avance de las intervenciones estatales. En cambio, Antonio García Birlán llamó a la prudencia diciendo que convocar huelgas en aquellos momentos podría ser como desencadenar una revolución.[203] El acuerdo fue denunciar la falta de interés del estado por el buen funcionamiento de las empresas e industrias intervenidas, cosa que desmoralizaba a los trabajadores al no entender ya para qué trabajaban. Pero dada la censura de la prensa republicana esa campaña la deberían realizar desde la prensa extranjera.

Por otro lado, la FAI quería en aquel momento unificar la acción municipal de sus consejeros en los ayuntamientos para mejorar su eficacia. Indicaba que su labor desde los puestos de concejales debía

---

202. Se creó en enero de 1938. Estaba compuesto por Antonio García Birlán por la Consejería de Economía de la Generalitat, Pedro Herrera por el Comité de Enlace CNT-UGT, Horacio Prieto por la Federación Nacional de Construcción, Eugenio Vallejo por las Industrias de Guerra, Francesc Viadiu por la Federación de Espectáculos Públicos, José Berruezo por la Federación de la Metalurgia y Manuel Escorza por la Sección de Estadística. Fue nombrado Pablo Polgaré como Secretario de esa Sección de Economía de la FAI. "Carta circular nº 10", 28/01/1938. CP-33B.1, pág. 17 Fondo CNT (España). IISH (Ámsterdam).

203. "Consejo Asesor de la Sección de Economía del C.P. de la FAI". 01/02/1938. CP-33B.3 Fondo CNT (España). IISH (Ámsterdam).

servir para salvaguardar las colectividades, fortalecer los sindicatos y otras instituciones populares o de interés colectivo.[204]

El 18 de marzo se publicó un ambicioso acuerdo entre la UGT y la CNT que incidía en la unidad sindical. Se revitalizaba el Comité de Enlace y se extendía a todas las áreas. Ambas centrales entendían la cuestión del control obrero como la más valiosa conquista de los trabajadores y defendían que los organismos de control obrero siguiesen siendo democráticamente elegidos entre los trabajadores mientras que el gobierno debía legislar las características de ese control. Además, abogaban por un Consejo Superior de Economía, que nunca se desarrollaría, pero que contenía muchos aspectos de control sindical de la economía:

> El Consejo Superior de Economía preparará un plan económico nacional, y por medio de los Consejos Nacionales de Industria, en los cuales participarán también los sindicatos, regulará, especialmente en las industrias nacionalizadas, la producción, la distribución, el crédito, precios y utilidades, la importación y exportación de productos, la forma de retribución, el comercio, utilizando todos los servicios que precise instalar para el buen transcurso de sus funciones. El Gobierno legislará en materia económica de acuerdo con el Consejo Superior de Economía. [205]

Cabría señalar que este pacto se dio con una UGT en la que el sector largocaballerista, más proclive a la revolución de carácter colectivista, había sido desplazado por el sector prietista en septiembre de 1937. Este hecho resulta relevante porque la CNT atrajo a la UGT hacia sus posiciones, lo cual refleja una victoria política. En cambio, la crítica interna del movimiento libertario incidía que si la UGT

----

204. "FAI. Subsección Municipal. Circular nº1", 02/03/1938. CP-33B.1. Fondo CNT (España). IISH (Ámsterdam).

205. Gabriel, 2011: 120-124

aceptó fue porque era la CNT la que se había acercado a los postulados estratégicos – las nacionalizaciones – de la UGT y no al revés.

Poco después ambas centrales entrarían a participar en el Gobierno de Negrín, lo cual fue interpretado momentáneamente como un paso hacia la normalización de la vida política, profundamente enrarecida desde los Hechos de Mayo del año anterior.

Desde los sectores republicanos y comunistas, por el contrario, se alertó de la posibilidad de una "dictadura sindical", si estos planes se llevaban a la práctica. Los anarcosindicalistas negaron la mayor, incidiendo en que no era eso lo que pretendían.[206] Pero, por otro lado, seguía el proceso de congelar la revolución desde el Consell d'Economia y la Generalitat, tal como se había iniciado desde el año anterior. En mayo se denunciaba que de las 500 agrupaciones de empresas que se habían presentado para ser aprobadas desde la aprobación del Decreto de Colectivizaciones, solamente se habían legalizado 96.[207] Resulta evidente que Comorera desde la consejería estaba bloqueando el desempeño de las agrupaciones, que permanecieron en una situación de alegalidad hasta el fin de la guerra.

Respecto a las cooperativas, comencemos diciendo que muchos empresarios, viendo el cariz de los acontecimientos en 1936, prefirieron cederles sus empresas a los trabajadores, transformándola en cooperativa de producción, quedando ellos como gerentes. Según una estadística de junio de 1937, en Catalunya existían 301 cooperativas de este tipo, en las que trabajaban 12.864 socios.[208]

Ante el ataque contra las empresas colectivizadas de Catalunya del otoño de 1937, algunas pasaron a convertirse en cooperativas, a fin de mantener el control colectivo. Pero el Consell d'Economia de la Generalitat cambió de opinión, y según el Decreto del 18 de febrero de 1938, las obligó a acogerse al Decreto de Colectivizaciones.

---

206. "¿Dictadura de los Sindicatos?". Tierra y Libertad, 28/02/1936, p.4.

207. "Consejo Economía Confederal". Barcelona, 16 de mayo de 1938. 293.40D.2 Fondo CNT (España). IISH (Ámsterdam)

208. Aymerich, 2008: 391

Los reglamentos a partir del nuevo año fueron bastante restrictivos para la constitución de nuevas cooperativas.[209]

Continuando con el desarrollo del CEC, en el Pleno Regional de las Federaciones de Industria de la CNT de Catalunya, celebrado el 31 de mayo, a instancias del Comité Ejecutivo Regional, se fusionó el Consejo Regional Económico, aún sin actividad, con el Consejo Local de Barcelona, creando el Comité Económico Confederal de Catalunya. Estaba presidido por Gonzalo Aubray y tenía una comisión permanente formada por seis militantes.[210]

Ahora bien, el gobierno de Negrín se había trasladado a Barcelona en noviembre de 1937. Con ello arrinconó a la Generalitat, que perdió atribuciones y autonomía. El curso de la guerra, muy negativo para los intereses republicanos, también aceleró la asunción de competencias por parte del gobierno e incluso la militarización de algunos servicios, como el ferrocarril, los puertos o la producción de electricidad. Así que, mientras que el gobierno seguía absorbiendo empresas de la maltrecha economía republicana, el movimiento libertario siguió desarrollando su CEC a la vez que seguía esperando la creación del Consejo Superior de Economía.

El CEC no estuvo correctamente estructurado hasta el mes de agosto de 1938, con la celebración de otro Pleno Nacional de Regionales, que lo ajustó para su desempeño. La reestructuración de Federaciones Nacionales de Industria de la CNT, quedó en veinte grandes federaciones. A partir de ese momento, se aceleraba la centralización de la economía confederal. Otro aspecto de interés fue el desarrollo de la Banca Sindical Ibérica, aun en sus etapas previas. Para agosto aún no había ninguna regional que hubiese desarrollado la banca, a todo lo más, existía una caja de compensación confederal en la Regional Centro. La delegación de Catalunya constataba que

---

209. Aymerich, 2008: 394

210. Secretario del Comité Regional. "Circular nº 26". 15 de junio de 1938. Político-Social-Barcelona exp. 947, carp. 1, pp. 92-93

llevarlo a cabo en su territorio chocaba con los obstáculos que le ponía el estado.[211]

Otros proyectos de índole económica fueron la creación de un salario familiar, que no estuviese determinado por las horas de trabajo sino por la necesidad. Para ello incluso se creó una fórmula adaptada al coste de la vida y a la productividad. Otro de los aspectos relevantes de este salario familiar era que cubriría no solo a la familia de sangre, sino a todas las personas que convivieran bajo el mismo techo.

> Si existiese un Consejo Nacional de Economía, sobre la base mixta sindical y gubernamental, con predominio de la primera, porque venimos propugnando desde hace meses, ya podríamos garantizar que, adoptada la fórmula, ésta tenía aseguradas todas las consecuencias favorables que de su planteamiento y fundamentos se pueden esperar. Pero ya que no es así, puede y debe suplirse por otros medios mientras tanto la inexistencia de otro organismo.[212]

Incidiendo en la función social de la economía, el CEC propuso una "caja de subsidio familiar por movilización militar" que funcionaría como otra mutualidad más de las que tenía la CNT. El desarrollo de toda esta red de mutuas y seguros se generalizó a partir del verano de 1938.[213] Otro de los proyectos fue la creación de los almacenes confederales de distribución, a modo de grandes centrales de compra. Esta medida se combinaba con la consigna de generalizar las cooperativas de consumo.

----

211. "Pleno nacional de regionales del 2 al 10 de agosto de 1938". 293.34A.1 – Fondo CNT (España). IISH (Ámsterdam)

212. "Dictamen que presenta el Comité Nacional sobre el quinto punto del orden del día del Pleno Nacional ampliado de carácter económico "Forma de Retribución del Trabajo"". 293.34A.1 – Fondo CNT (España). IISH (Ámsterdam)

213. "Pleno nacional de regionales del 2 al 10 de agosto de 1938". 293.34A.1 – Fondo CNT (España). IISH (Ámsterdam)

En su declaración pública el movimiento libertario volvía a pedir la creación del Consejo Nacional de Economía, y de los Consejos Nacionales de Industria, "órganos básicos para la proyección de una eficaz reconstrucción económica". También defendía las colectividades y otros tipos de organismos proletarios de control económico.[214]

Para entonces, Joan Peiró ya no consideraba factible su idea de República Social y Federal, y defendía una República Federal en la que los municipios gozasen de una amplia autonomía, pero renunciaba al federalismo económico. Según Peiró, la república debería nacionalizar las riquezas fundamentales de la nación, y le correspondía al movimiento libertario luchar por que esa nacionalización no fuese total y que el rol de los sindicatos fuese relevante.[215]

SALVAR LO QUE SE PUEDA

La ofensiva contra el colectivismo arreciaría en la segunda mitad de 1938. Fue en este momento cuando entraba en vigor la nacionalización o militarización de algunas empresas, consideradas estratégicas. Era una estrategia gubernamental, que iba más allá de las necesidades de la producción, y que estaba destinada a hacer menguar el área privada y las colectivizaciones. También hay que destacar que tanto las nacionalizaciones como las municipalizaciones se encontraron con resistencia de los trabajadores, como fue el caso de los Espectáculos Públicos de Barcelona. Aquellos trabajadores consideraron que la municipalización de su servicio no era más que la reinstauración del amo, solo que, en vez de ser un particular, ahora sería tendrían de jefe un funcionario del estado o del municipio, que no tenía por qué beneficiarlos.[216]

---

214. "Pleno Nacional de Regionales CNT- FAI – FIJL. Declaración." 52B.13. Fondo CNT (España). IISH

215. Se puede leer en los artículos de Peiró de finales de 1938 recogidos en *Problemas y cintarazos*.

216. Castells, 1993: 30-31

Bajo pésimos augurios ante el final de la Batalla del Ebro, se celebró el Pleno Nacional de Regionales del Movimiento Libertario Español (CNT, FAI, FIJL y Mujeres Libres) de octubre de 1938. En la primera sesión Cardona Rosell propuso que las colectividades deberían ser controladas por los sindicatos. La FAI de Catalunya no estaba de acuerdo, y defendía que las colectivizaciones eran el usufructo de la hegemonía del movimiento anarquista. Por desgracia, opinaba, el estado había recuperado su poder y las colectivizaciones eran una sombra del pasado. Para contextualizar, el estado ya controlaba el 95% de la industria de guerra. De todas formas, para entonces la FAI catalana aceptaba la nacionalización de las industrias de la región, siempre que se respetasen las colectivizaciones. Sus intervenciones en esa sesión del Pleno terminaron diciendo que a pesar de que el movimiento libertario había participado en el "poder", no había podido sacar todo el provecho que hubieran querido.

Esta postura de instrumentalización del poder estatal era compartida por CNT Norte en sesiones posteriores. Esta Regional pensaba que el movimiento libertario debía controlar el "poder" para dirigir desde él las realizaciones económicas revolucionarias. Opinaba que, al terminar la guerra – todavía daban por hecho que la ganaría la República –, durante la época de reconstrucción de España, los sindicatos debían intervenir decididamente por responsabilidad para con el pueblo.[217] CNT de Catalunya, por su parte, declaró en la sexta sesión que, a pesar de haber tenido el control de la industria catalana, al no tener una mayoría sólida en el Consell d'Economia habían perdido ese control, quedando las colectivizaciones a merced de los intereses de otros partidos.

Al intervenir el Comité Nacional, en la sesión decimoquinta del Pleno, aseguró a las delegaciones que llevaban unos dos años intentando lograr representación en el Banco de España. El Comité Nacional estaba convencido que los anarquistas podían contar con más peso en la economía en aras de una mejor planificación económica.

217. Resumido en Garrido, 2008: 293

En el orden económico, es necesario que el Pleno se fije en una cosa: Hemos convenido ya que el tener más fuerza cada día en nuestras manos, es beneficioso. Hemos sentado esta teoría en política y es necesario también sentarla en economía, ya que, no únicamente se domina por la fuerza política, sino también por la económica. El Movimiento Libertario en el orden económico, ha de tender a convertirse en una empresa capitalista de gran envergadura. Hay que centralizar nuestra economía y cumplir los acuerdos del Pleno Ampliado de Valencia.

A pesar de lo que pudiesen decir los delegados en el Pleno, quizás producto del calor del debate, lo cierto es que aún entonces firmaron una declaración en la que aclaraban que seguían aspirando al comunismo libertario, a la vez que ratificaban todos los acuerdos económicos anteriores. Consideraban que el comunismo libertario era "una aspiración fundamental marginada con aquella libertad de experimentaciones de tipo económico compatibles con las posibilidades de nuestro país y con los postulados esenciales del anarquismo".[218] El Pleno reafirmó la defensa de las colectivizaciones y la formación de otros organismos de tipo socialista, y por supuesto, volvían a exigir la constitución inmediata del Consejo Superior (o Nacional) de Economía.

En noviembre de 1938 el CEC estaba trabajando sobre los decretos de legalización de las empresas colectivizadas. Todavía se encontraban con problemas en el extranjero: continuaban los casos de exportaciones confiscadas por denuncias de los antiguos propietarios. Mariano Cardona hizo una propuesta de diferenciar los casos de propietarios leales, facciosos y extranjeros, "en todos ellos permitiendo atender de modo cabal los legítimos derechos del proletariado, sostén principal de la legitimidad republicana".[219] Por enton-

---

218. 54D Fondo CNT (España). IISH (Ámsterdam).

219. "Comité Nacional. Consejo Económico Confederal" 30/11/1938. CP-33B.4. Fondo CNT (España). IISH (Ámsterdam)

ces se reconocía que vivían en una república liberal burguesa que coexistía con el sistema colectivista avanzado.

A pesar de todo, tengamos en cuenta que la República española había perdido casi todos los mercados internacionales y se le habían cerrado todas las puertas de financiación y de inversiones. La peseta se había desplomado y casi nadie confiaba en su victoria. Por lo tanto, la producción se dedicaba a cubrir casi exclusivamente la demanda interna.

Para finalizar, vamos a concluir esta obra con el mal llamado "problema femenino". Indiquemos primero que el Pleno de octubre de 1938 fue el primer comicio del Movimiento Libertario en el que participó la Federación Nacional de Mujeres Libres. Lo hizo precisamente para reclamar su aceptación plena como la cuarta rama del movimiento anarquista.

Sin embargo, la cuestión de la mujer iba por otros derroteros. Desde inicios de 1938 la conscripción generalizada de hombres había privado la industria de una parte importante de su fuerza laboral. Desde los sindicatos se fue presionando para la incorporación de la mujer a la producción.[220] En un principio se hizo de forma automática, rellenando las vacantes. Pero ya en agosto el Movimiento Libertario pretendió controlar y sistematizar este proceso.

Para esta tarea, se propuso realizar censos de trabajadores que se iban a incorporar a filas próximamente. En este censo se indicaría si sus trabajos podían ser realizados por mujeres. También se propuso recoger información sobre las actividades de las mujeres en su trabajo doméstico, puesto que muchas tenían experiencia en tareas que podrían ser compatibles con las "actividades productivas de mayor responsabilidad". Los Consejos de Economía Regionales debían recibir informes de toda su región para emitir su veredicto sobre a qué profesiones o actividades podrían incorporarse las mujeres y se las instaba a realizar cursos de "adaptación profesional".[221] Así pues,

---

220. Sobre la cuestión femenina véanse Gálvez, 2006: 472-473, Gómez Ferrer, 2004: 559-563 y Ackelsberg, 2000: 177-193).

221. Garrido, 2008: 291-292

por exigencias de la guerra la mujer se fue incorporando a toda la cadena del proceso productivo. Y como era de esperar, el anarcosindicalismo también jugó un rol necesario.

Terminando ya con el relato de la guerra, no comentaremos nada de la gestión económica del Consejo Nacional de Defensa que tomó el poder en la zona Centro-Sur el 5 de marzo de 1939. Su entrada en funcionamiento se produjo tras la caída de Catalunya y el abandono del país de todo el gobierno de Negrín. Este, al regresar a España puso todos los estamentos militares en manos de los comunistas, lo que fue interpretado por libertarios, socialistas y republicanos como un golpe de estado. Por tanto, la actuación del Consejo liderado por Segismundo Casado se justificaba por la necesidad de suprimir las órdenes de Negrín de resistencia a ultranza mientras los ministros enviaban a sus familiares fuera del país. Al tomar este Consejo el poder, los comunistas desencadenaron una ofensiva militar que fue derrotada por la acción decisiva de las tropas lideradas por el anarcosindicalista Cipriano Mera.

A pesar del enorme peso político que tuvo el movimiento libertario en el Consejo, con el confederal José González Marín al frente de Economía y Hacienda, este gobierno no se destacó por las cuestiones económicas, sino por ser gobierno provisional que simplemente pretendía negociar la rendición ante el ejército rebelde. Sin embargo, Franco no aceptó ninguna condición y atacó sin más, provocando el hundimiento general de todos los frentes. El desastre fue total.

Tras los duros años de los primeros tiempos de postguerra, cual Sísifo, el movimiento libertario celebró un congreso en París en mayo de 1945. En él se vivía un ambiente de desquite y euforia. Se esperaba que los Aliados, que acababan de tomar Berlín, interviniesen en España. Tal era así que una de las ponencias trataba sobre la reconstrucción de las Federaciones de Industria, ante el inminente regreso a España. Nombraron delegados de las federaciones territoriales para crear comités de relaciones entre militantes de distintos lugares según su ramo. Cada uno de estos comités tenía que elaborar estudios técnicos de todos los aspectos de la "riqueza nacional" para decidir qué industrias tendrían que ser socializadas o colectivizadas. También debían formar escuelas de cuadros técnicos capacitados de llevar a cabo estas misiones. Por último, debían formular un resumen de las conquistas que se produjeron en su sector durante la guerra, independientemente de si fueron legalizadas o no.[222]

Como vemos, todavía se mantenía la misma dinámica de la guerra, aunque todo este trabajo fue olvidado por las circunstancias que se vivirían en los años cuarenta.

HACIA EL SOCIALISMO CORPORATIVO

La CNT fue evolucionando hacia una suerte de "guildismo", socialismo gremial o socialismo corporativo similar al británico de comienzos del siglo XX. Este sistema rechazaba el estatismo inherente al marxismo y al socialismo fabiano británico, y consideraba que el estado debía tener un papel subsidiario en el sistema social, reducido a cuestiones de interés general.

Las funciones que el estado abandonaba serían tomadas por la "guilda", que podríamos traducir como los gremios, pero dado el carácter medieval de estos podría prestarse a confusión. En todo caso la guilda era una agrupación de todos los trabajadores de todas las categorías y ramos. Según este sistema, la industria estaría bajo control de los gremios industriales, que eran organismos democráticos. En Inglaterra hubo un experimento de este modelo económico en 1920. Mencionemos que aquel fue un movimiento pensado para coexistir con el estado y no para sustituirlo, similar a lo que defendía el movimiento cooperativista.[223]

Podemos ver muchos paralelismos entre este guildismo y la concepción sindicalista de la CNT de 1938. Dentro de este mismo espíritu en algunos sectores de la CNT y de la FAI apareció la necesi-

---

222. Comité Nacional. *Memoria de Dictámenes del Congreso de Federaciones Locales celebrado en París del 1º al 12º de Mayo de 1945*. Movimiento Libertario Español. CNT en Francia. pp. 44-46

223. Hewes, Amy. "Guild Socialism: A Two Years' Test". *The American Economic Review*, Vol. 12, No. 2 (Jun., 1922), pp. 209-237 (29 pages) https://www.jstor.org/stable/1802623

dad de lanzar un programa de acción revolucionaria, que bautizaron como "Alianza Obrera Revolucionaria".[224] El programa fue elaborado a los seis meses de la guerra, y ya es un esbozo muy completo de todos los planes posteriores que hemos ido viendo en este libro. Se desconoce su autoría, pero por su lenguaje bien podría haber sido realizado por Mariano Cardona.

Este programa pretendía reemplazar la propiedad privada por la economía colectiva y su punto de partida era la situación de guerra en la que se encontraban. Entre las primeras disposiciones estaba el conseguir unas estadísticas fiables de consumo y de producción y establecer una legislación revolucionaria. Toda la producción estaría basada en la sindicalización y la municipalización de la riqueza nacional. Seguía el mismo esquema del Consell d'Economia, que hemos ido viendo: Los Consejos Generales de Sindicatos de Industria, las Agrupaciones de Sindicatos de Industria, las Federaciones de Sindicatos de Industria y las Confederaciones de Industria.

Los municipios se deberían federar por cuencas fluviales. De la misma forma que los sindicatos quedarían organizados mediante Consejos Generales de Municipios (por cuencas), Agrupaciones Generales de Municipios, Federaciones Regionales de Municipios, Confederaciones Regionales de Municipios (Cataluña, Euskadi, Galicia, etc.) para terminar con la Confederación Ibérica de Municipios Libres, que sería la entidad superior. A nivel estatal, el estado no quedaría suprimido, sino sujeto a los sindicatos y a los municipios.

La propiedad individual de la producción debía quedar prohibida, pasando a manos de sindicatos y municipios. Como es lógico en la mentalidad sindicalista de la época, las dos centrales debían quedar unidas. Así, el sindicato sería la célula social básica, junto con los servicios públicos municipalizados que involucraban funciones tales como cajas de ahorro, transportes urbanos, servicios de agua, gas y electricidad, limpieza pública, mataderos, comercios al detalle, explotaciones agrícolas en los pequeños municipios rurales, la riqueza forestal, régimen de aguas, servicios médicos, hospitales y

---

224. "Alianza Obrera Revolucionaria"

clínicas (municipios o sus federaciones), enseñanza (municipios o sus federaciones desde la primera enseñanza hasta los estudios superiores universitarios), espectáculos públicos, servicios personales o domésticos (barberos, peluqueros, porteros, etc.), o la industria hotelera y gastronómica. Aunque se hablase de municipio había ciertos servicios que deberían ser prestados por las entidades superiores tales como las federaciones o confederaciones de municipios (las actuales comarcas, provincias y regiones, para que se entienda mejor).

La Nueva Economía permitiría la existencia de la pequeña propiedad, sin que esta tuviese influencia alguna en la economía general. Lo que resultaba clave era la estructuración de los sindicatos y su vocación de gestión de la economía. Esta vocación se denota del texto por la extensión y el detalle con el que se desgrana la actuación de los sindicatos en este modelo de sociedad.

Había una serie de entidades superiores, que englobarían las federaciones, agrupaciones, consejos generales, etc., según el tipo de actividad económica: Consejo de Finanzas y Banca, Consejo de Industria, Consejo de Agricultura, Consejo de los Transportes, Consejo de Comercio, y Consejo de Profesionales Liberales. Todos los departamentos deberían estar bien coordinados. Y como entidad coordinadora superior estaría el Consejo de la Economía Nacional.

La vocación anarquista se desprende del tercer apartado, en donde se dan amplias explicaciones sobre la libertad humana. Curiosamente dentro de este apartado se detallan las bases del salario familiar. Se entendía que todos los productores debían contribuir a un fondo común familiar, que preferían a las cuentas individuales de ahorro. También cobrarían un salario aquellos miembros de la familia no productores. Para gestionar estos ingresos salariales familiares y sus impuestos se necesitaría una Caja Confederal Intersindical e Intermunicipal.

El sistema económico se basaba en una reforma monetaria que desincentivaba la acumulación de capital. Así pues, los salarios estarían vinculados a la satisfacción del consumo y se deberían hacer listas de bienes de consumo que pudieran ser adquiridos con el papel moneda. Otra forma de intercambio monetario estaría vinculada a los medios de producción. Este intercambio de moneda no sería físico, es decir, que no circularían billetes, sino letras o cheques u órdenes de pago y cobro. Estos medios de producción, las empresas, debían hacer las transacciones industriales, comerciales, financieras o bancarias mediante cheques. El sistema también seguiría un federalismo de abajo a arriba, en línea con lo visto anteriormente.

También estaba prevista la creación de una Confederación Nacional de Cooperativas de Consumo, que estuviesen vinculadas a los sindicatos o a los servicios municipalizados. Esta confederación también tendría su lugar en el Consejo Nacional de Economía. Con este énfasis en la economía, la administración estatal quedaría reducida a la Presidencia, que debería ser coral, con representantes de la Economía, de la Administración Social basada en los municipios y de la Justicia. Esta última actuaría como otro gran pilar de la sociedad. El consejo de la presidencia, lo que vendría a sustituir al gobierno de la república, estaría compuesto por una especie de federación del Consejo de Economía Nacional, un Consejo de la Administración Social (encargado de apartados tales como la Defensa Nacional, la Seguridad Interior, los Negocios Extranjeros, la Sanidad y la Cultura) y otro Consejo de Justicia (que agruparía el conjunto de los Tribunales de Economía Social, de los Tribunales Ordinarios y de los Tribunales Contencioso-Administrativos).

Por último, los impuestos individuales quedarían suprimidos y serían los sindicatos y servicios municipalizados, que gestionarían toda la economía los encargados de cotizar directamente al Consejo de Administración, de Economía y de Justicia. El texto terminaba con una declaración:

> Sólo un Sindicalismo potente, profesional y técnico (Sindicatos y Servicios Municipalizados), con intereses profusamente entremezclados en un federalismo sencillo y complejo a la vez, puede salvarnos del retorno al capitalismo individual o de grupos financieros y de la absorción económica extranjera.
>
> La concepción filosófica de la colectivización federal de las riquezas de producción, de la propiedad de producción, no

será realizada si no se da al nuevo complejo económico-social toda la elasticidad federal y federalista, que hermane de una manera natural y siempre adaptable a las circunstancias la personalidad individualista y la iniciativa primitiva que arranque del individuo y pasando por la familia culmina en el Sindicato y el Municipio libre y que son las bases de la sociabilidad y de la solidaridad verdaderas.

Las diferentes formas del federalismo no se excluyen la una de la otra, y no más será posible una nueva estructuración económico-social, que sí el federalismo que realizará la interdependencia de todas las actividades humanas es a la vez sencillo y complejo, que no quiere decir complicado. Ai (sic) el federalismo técnico y por materias primas parece imponerse mayormente hoy día, no es una razón para desconocer sistemáticamente los otros principios del federalismo, ya que su negligencia llevaría al fracaso más absoluto.

Analizando este modelo, podemos observar que es una propuesta de estado sindical en el que los sindicatos forman la parte central del mismo. La arquitectura institucional está pensada para vaciar de poder político los máximos organismos del estado de ese momento (Gobierno, Cortes y parlamentos regionales). Sorprendentemente el poder judicial republicano quedaba más o menos intacto, al menos su estructura.

Algunos autores concluyen que el movimiento libertario se vio influido por el comunismo soviético, para llegar a considerar tales medidas. Este estudio, por el contrario, concluye que el marxismo no tuvo nada que ver, y que la propuesta de estado sindical fue producto de una evolución endógena en el sindicalismo revolucionario español.

Quien tenga familiaridad con la sociedad estamental de la Baja Edad Media, podría ver algún tipo de similitud.[225] Este modelo de

---

225. Los estamentos se resumen en tres: nobleza, clero y tercer estado, que también fue conocido como plebe o siervos de la gleba. Otras formas de denominar estos estratos de la sociedad fueron órdenes, estados o brazos. A diferencia del sistema de castas, los estamentos no eran ab-

organización social de los reinos europeos, se desarrolló muy paulatinamente desde la crisis del siglo III, en pleno imperio romano, hasta entrado el siglo XIX, con la liquidación que el liberalismo hizo de estas formas medievales. El liberalismo entendía que la sociedad estamental provocaba un estancamiento estructural que obstaculizaba el desarrollo y el progreso. Sea como fuera, la sociedad estamental estaba basada en una desigualdad de condiciones y estaba sujeta a al poder real y eclesiástico.

De ahí que el socialismo gremial, guildista o corporativo pretendiese darle la vuelta a esta jerarquía social al proponer que las asociaciones obreras fuesen las fundamentales en la nueva sociedad, aunque sin eliminar por completo la pequeña burguesía, tal como también aceptaba el estado sindicalista propuesto por la CNT-FAI en el otoño de 1937.

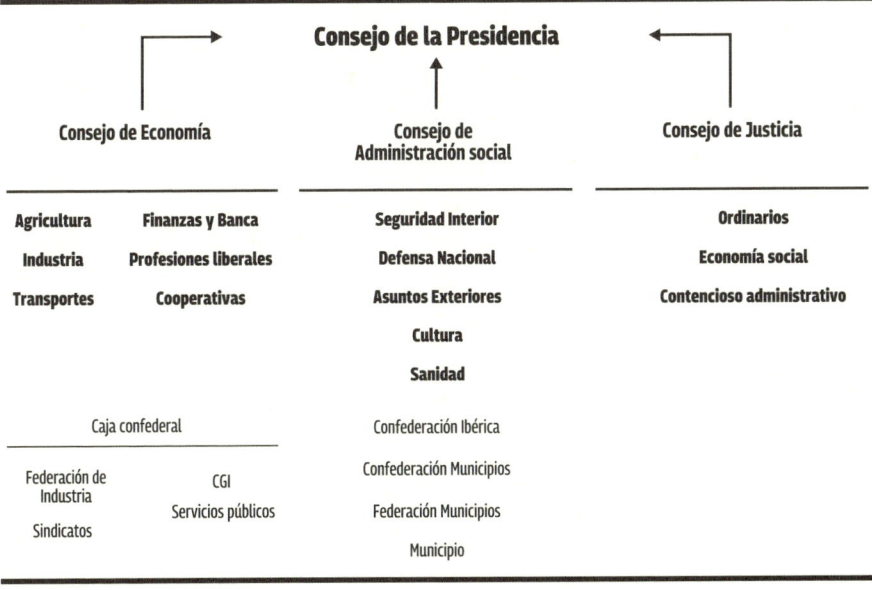

solutamente estancos: permitían cierta movilidad social mediante la promoción por méritos (ya fuera mediante servicios militares o hasta mediante la compra de títulos y favores), por matrimonio o por ingresar en la Iglesia.

Conclusiones

Según uno de los últimos recuentos, hecho en 2010 por Luis Garrido González, en la España de la guerra hubo un mínimo de 1.300 colectividades agrarias. De ellas 839 estaban impulsadas por la CNT, 224 por la UGT y 126 eran de carácter mixto, UGT-CNT. Además de estas, hubo 111 colectividades impulsadas o vinculadas a otras organizaciones republicanas, e incluso al PCE, que se mostraba en público como anticolectivista.

Por territorios, las colectivizaciones de la UGT predominaron en Andalucía, mientras que las de la CNT lo hicieron en el resto (Aragón, Cataluña, Levante y Castilla La Mancha). Estamos hablando de un total próximo al millón de personas, o tal vez más, según a qué historiador atendamos.

A este millón habría que añadirle algo más de un millón de trabajadores en las empresas industriales y comerciales colectivizadas. Frank Mintz contabiliza el total de colectivistas en 1.838.000, mientras que otros autores como Alejandro Díez Torres o Walther L. Bernecker suben la cifra a 3 millones. Esto supondría más de un tercio de la población activa republicana funcionó bajo un régimen de propiedad colectiva de los medios de producción.

Se puede colegir que el peso de la CNT en estas colectivizaciones, tanto agrarias como industriales, fue muy considerable. En algunos casos la colectividad tenía la propiedad y en otros solamente la gestión o el usufructo. Hemos visto que allí donde el anarcosindicalismo era débil y el socialismo fuerte, el control obrero no se reflejó más que como una incautación de empresas desde el estado. Por consiguiente, podemos concluir que si la revolución proletaria y campesina en España tomó la forma que tomó fue por el peso y la actuación del movimiento libertario.

A pesar de que la colectivización industrial y agraria se desarrollaron por muchos lugares, la economía no se pudo socializar por completo. Podríamos desarrollar esta idea un poco más y tener en cuenta las distintas correlaciones de fuerzas:

> En primer lugar, en las zonas donde el anarcosindicalismo era hegemónico o mayoritario, la revolución avanzó más allá que en el resto. Fueron los casos, sobre todo del Aragón republicano y de ciudades como Alcoy, Barcelona, Cartagena, Gijón, Málaga y todas sus zonas de influencia, que vivieron una socialización avanzada. Y por supuesto, en comarcas y pueblos agrícolas de varias regiones. En estos casos del mundo rural se dieron situaciones de comunismo libertario.
>
> En segundo lugar, podríamos situar aquellas regiones en las que existía un equilibrio de fuerzas entre las organizaciones obreras. Este fue el caso de Andalucía Oriental, Asturias, Castilla, la Catalunya interior, Levante en general y Madrid capital. En este caso hubo economía colectiva, pero debía convivir con las incautaciones de otras organizaciones y las del Estado, así como con la economía privada.
>
> Por último, en tercer lugar, estarían las regiones en las que el movimiento libertario era muy minoritario: Almería, Extremadura, Euskadi y Santander. En estos casos la revolución tomó la forma predominante de incautaciones estatales (Almería y Santander), colectivizaciones rurales a pequeña escala (Extremadura) o hubo una ausencia total de colectivizaciones, como en el caso vasco.

En Catalunya, la revolución social que siguió al golpe de estado del 17-19 de julio de 1936 contó con el apoyo decidido de los trabajadores. Su impulso creó el ejército de milicias que intentó recuperar de manos del fascismo las capitales aragonesas y Mallorca. En su aspecto económico, el gran impulso revolucionario evitó el colapso en el bando republicano.

Sin embargo, la necesidad imperiosa de tomar Zaragoza hizo que, en Catalunya, se aplazase *sine die* la proclamación del comunismo libertario. La CNT acordó centrarse en colaborar con el resto de fuerzas antifascistas en las cuestiones militares y políticas, mientras que utilizaría la Generalitat para colectivizar la economía. La CNT entendía que en el resto de la república la correlación de fuerzas no le beneficiaba y no quería que la revolución avanzase en un territorio sin contar con el resto.

Es decir que, si bien la CNT catalana aceptó e impulsó la colectivización industrial y agraria, no actuó para constituir las colectividades, los comités, las milicias o los municipios como contrapoder alternativo al poder del estado. En lugar de ello, vinculó las colectivizaciones a la economía republicana y aceptó – y hasta favoreció – una creciente intervención estatal en ellas. La misma organización anarcosindicalista fue parte de los gobiernos republicanos y desde allí pretendió implementar una legislación de intención revolucionaria.

El modelo de sociedad defendido por la CNT antes de la revolución, el comunismo libertario, no fue puesto en práctica a gran escala. Podríamos afirmar que el proyecto fue aparcado esperando la ansiada victoria militar, hecho especialmente palpable a partir de los Hechos de Mayo de 1937. Sin embargo, de ningún modo se puede decir que no hubiera habido una revolución proletaria o popular durante toda la guerra, incluso después de ese enfrentamiento.

Al calificar el período de julio a octubre de 1936 de "corto verano de la anarquía", Enzensberger ayudó a crear un mito. Según su obra, la revolución libertaria duró mientras vivió Buenaventura Durruti, muerto el 20 de noviembre de aquel año. Por tanto, se daba a entender que todo lo que sucedió con posterioridad no tendría relación con el papel jugado por el movimiento libertario. Sin embargo, hemos comprobado que precisamente los primeros meses de la guerra se caracterizaron por la desintegración política y la desorganización de la economía a todos los niveles. A pesar de que ya entonces algunas localidades proclamaron el comunismo libertario, esos procesos actuaban autónomamente respecto a los planes generales del movimiento.

Será en el otoño de aquel año cuando se vaya organizando la administración revolucionaria, que gestionaría la vida política, social y económica de los territorios que controlaba el gobierno de la república. Ese reordenamiento, que superaba el caos inicial, tomó distintas formas en cada región: Consell de la Generalitat, Comité Ejecutivo Popular de Valencia, Consejo Regional de Defensa de Aragón, Consejo de Asturias y León o Junta de Defensa de Madrid, entre otros. Eran gobiernos regionales que agrupaban a las principales fuerzas antifascistas.

En cada territorio se aprobaron decretos para regular la economía, y la CNT fue protagonista en casi todos los casos. La reconstrucción económica de cara a la guerra dio pie a una autogestión de la economía a gran escala, si bien nunca tuvo carácter suprarregional. La mayoría de las empresas colectivizadas y las colectivizaciones agrarias comenzaron su rodaje por aquellos meses de otoño e invierno, para alcanzar su máxima extensión en la primavera de 1937.

En resumidas cuentas, si consideramos "anarquía" como sinónimo de "caos" y "desorden", entonces Enzensberger tendrá razón: en el verano de 1936 hubo un período de desorganización económica y política. Por el contrario, si consideramos "anarquía" como sinónimo de "anarquismo" o de "comunismo libertario", entonces tendría más sentido situar su apogeo hacia la primavera de 1937, cuando se produjeron las agrupaciones de empresas en Catalunya, se desarrolló plenamente el colectivismo aragonés o en otros lugares ya se encaraba la socialización.

Según los mismos anarquistas la revolución colectivista no equivalía a la aplicación del comunismo libertario. Si bien, ese modelo social se podría ver a pequeña escala, especialmente en pueblos o comarcas rurales, a gran escala existía un pacto por arriba entre las distintas organizaciones sindicales y políticas que se dio en llamar colectivismo. El colectivismo era una situación nueva, de inspiración libertaria, sin duda, pero que no dejaba de ser un paso intermedio hacia la socialización global de la economía, como pretendían los anarquistas, anarcosindicalistas y los marxistas del POUM.

Durante el verano de 1937 la revolución social quedó congelada en esas situaciones tan dispares y la revolución no pudo avanzar más allá. Según su discurso oficial, la CNT había participado en el aparato estatal —el Poder con mayúscula— para proteger las conquistas revolucionarias mediante leyes y decretos y para impedir la aprobación de cualquier disposición legal contrarrevolucionaria. Los Hechos de Mayo iniciaron una nueva coyuntura, como constataban la destrucción de las colectividades de Aragón o el retroceso en Catalunya. Hagamos notar que los Hechos de Mayo, se produjeron con la CNT en posiciones de gobierno. A partir de entonces el movimiento libertario tenía que decidir sus siguientes movimientos.

El anarcosindicalismo fue consciente en todo momento de la cambiante correlación de fuerzas. Adaptándose a las circunstancias, en septiembre de 1937 propuso la tesis de la república federal, pretendiendo un entendimiento por arriba con la UGT y con el gobierno de Negrín, mientras que por abajo organizaban su propia economía (a través del CEC).

Al hacer esto se alejaban del comunismo libertario postulado en 1936 y pasaban a situarse en los parámetros de un "estado sindical" integrado dentro del estado republicano. Si el comunismo libertario pudiera ser considerado como el programa de máximos del movimiento libertario, el estado sindical se podría considerar un programa de circunstancias, adaptado a las posibilidades del momento.

Por esto mismo, resulta desacertado afirmar que el movimiento libertario se vio influido por el marxismo, ya que la evolución hacia ese estado sindical fue un camino propio, producto de las propias ideas de un sindicalismo revolucionario que debía adaptarse al contexto y a la correlación de fuerzas. Lo demuestra sobradamente la cantidad de proyectos que hemos ido viendo en esta obra, que buscaron inspiración en la teoría libertaria publicada unos pocos años antes.

Por consiguiente, la economía confederal se organizó y se centralizó en 1938. Se formó un corporativismo sindical a gran escala. Aunque se desconoce la cuantía real, se induce a pensar que la Confederación controlaba o participaba de una parte muy sustancial de la riqueza republicana.

No se puede negar que el movimiento sufrió de una gran desafección de sus militantes más ideologizados. No comprendían tantas concesiones políticas hacia el resto de fuerzas. La burocratización y la centralización fueron justificadas por la necesidad de ganar la guerra. La guerra lo había cambiado todo: los bombardeos, el resultado de las batallas, el hambre y la escasez. La anhelada revolución comunista libertaria se dejaba para después de la guerra. La militancia de base cayó en el circunstancialismo. Todos estos planteamientos fueron refrendados una y otra vez en Plenos y Plenarias locales, regionales o nacionales, tanto de la CNT, como de la FAI, como del movimiento libertario.

Por último, cabría destacar el alto nivel de las comisiones técnicas que creó la CNT para planificar su actuación económica, cuyas propuestas se encaminaron a hacer posible ese estado sindicalista. Cumplían las directrices de la Organización, pero a su vez la dotaron de gran madurez en sus propuestas de corporativización de su economía. Son estas comisiones las que se deben estudiar con mayor profundidad en futuros trabajos porque pueden enriquecer el conocimiento de las ideas anarcosindicalistas.

Como conclusión final, podemos colegir que el anarcosindicalismo recogió el potente impulso revolucionario de las masas obreras, que pretendían superar su situación anterior. Estas masas avanzaron como pudieron en la implementación de medidas revolucionarias, incluso actuando por su cuenta. Si bien la CNT-FAI también impulsó esa revolución en muchos lugares, en la práctica tardó meses en afinar su hoja de ruta en lo económico. No se implementó a la vez en todos los territorios, sino que cada región actuó de manera autónoma hasta mediados de 1937. La creación del CEC en 1938 se puede ver como una forma de asegurar una parte de los avances revolucionarios mientras se llevaba a cabo una pugna política contra la contrarrevolución impulsada por comunistas pro-soviéticos, socialistas de centro y republicanos.

Queda a juicio de las lectoras y lectores deducir si estos modelos de sociedad de tipo sindicalista podrían funcionan de forma eficaz, en caso de darse en condiciones más propicias.

De todo esto nos surgen algunas preguntas que servirán para afinar los futuros estudios. Por ejemplo, si se dio algún trasvase de ideas o de planteamientos durante la postguerra hacia el corporativismo nacional-sindicalista de la Falange. ¿Hubo algún antiguo militante libertario con conocimientos económicos que acabara trabajando para el nuevo estado franquista?

Otra posible investigación sería un estudio comparativo con otros sistemas que utilizaron en cierta medida la planificación económica, tales como el modelo soviético bajo la Rusia de Stalin, el estado corporativo italiano de Mussolini, la aplicación del New Deal en los Estados Unidos o la economía de guerra en la Segunda Guerra Mundial ¿Hasta qué punto las propuestas de la CNT fueron un producto de su tiempo?, ¿acaso los militantes de primer nivel, como J. Peiró, H. Prieto, M. Cardona o J. P. Fábregas, fueron influidos por algún ejemplo de economía planificada, o, por el contrario, no es más que un desarrollo del anarcosindicalismo en una sociedad moderna compleja?

Anexo fotográfico

Entrada al Hospital del Pueblo de los Sindicatos Únicos de Barcelona.
Barcelona. 1937. Archivo Fundación Anselmo Lorenzo (CNT).

Blindaje de coches en la Hispano-Suiza. Margaret Michaelis.
Barcelona. Archivo Fundación Anselmo Lorenzo (CNT).

Coche radio-receptor del campo de aviación del Prat de Llobregat. Margaret Michaelis. Prat de Llobregat (Barcelona). Archivo Fundación Anselmo Lorenzo (CNT).

Servicio de entrega de paquetería procedente de Francia para los compañeros en el frente. Barcelona. 1938. Archivo Fundación Anselmo Lorenzo (CNT).

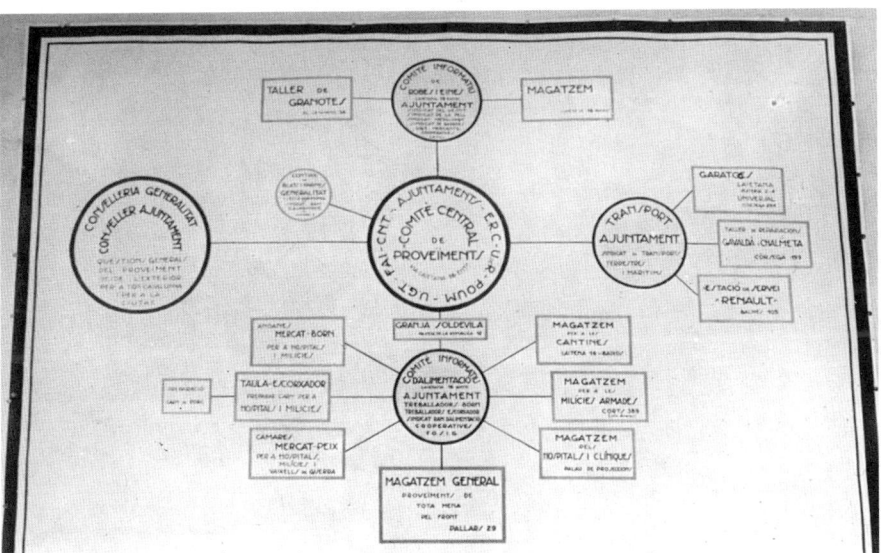

Organigrama del Departamento Municipal de Abastos de Barcelona regentado por la CNT. Barcelona. 1936. Archivo Fundación Anselmo Lorenzo (CNT).

Almacén General de Abastos de Barcelona regentado por la CNT.
Barcelona. 1936. Archivo Fundación Anselmo Lorenzo (CNT).

Cargando estacas para el frente. Barcelona. 1936.
Archivo Fundación Anselmo Lorenzo (CNT).

Trabajadora empaquetando pastillas de chocolate en la fábrica colectivizada. Archivo Fundación Anselmo Lorenzo (CNT).

Trabajadoras en la fabricación de material de guerra en la industria colectivizada. Barcelona. Archivo Fundación Anselmo Lorenzo (CNT).

Aparato de pruebas de motores. Barcelona. 1936.
Archivo Fundación Anselmo Lorenzo (CNT).

Obreros en la colocación de macizos para ruedas de blindados.
Barcelona. 1936. Archivo Fundación Anselmo Lorenzo (CNT).

Eugenio Vallejo Isla, junto a otros compañeros, revisando un modelo de ambulancia en la Hispano-Suiza. Barcelona. 1936. Archivo Fundación Anselmo Lorenzo (CNT).

Granadas de mano. Barcelona. 1936. Archivo Fundación Anselmo Lorenzo (CNT).

Camiones para la Consejería de Economía realizados en la fábrica colectivizada de la Hispano-Suiza. Barcelona. 1936. Archivo Fundación Anselmo Lorenzo (CNT).

Modelo de tanque blindado oruga. Barcelona. 1936.
Archivo Fundación Anselmo Lorenzo (CNT).

Operario de la Hispano-Suiza comprobando el funcionamiento de un motor. Barcelona. 1936. Archivo Fundación Anselmo Lorenzo (CNT).

Motor de aviación en banco de pruebas. Barcelona. 1936. Archivo Fundación Anselmo Lorenzo (CNT).

Operarios trabajando en el ala de un avión. Barcelona.
Archivo Fundación Anselmo Lorenzo (CNT).

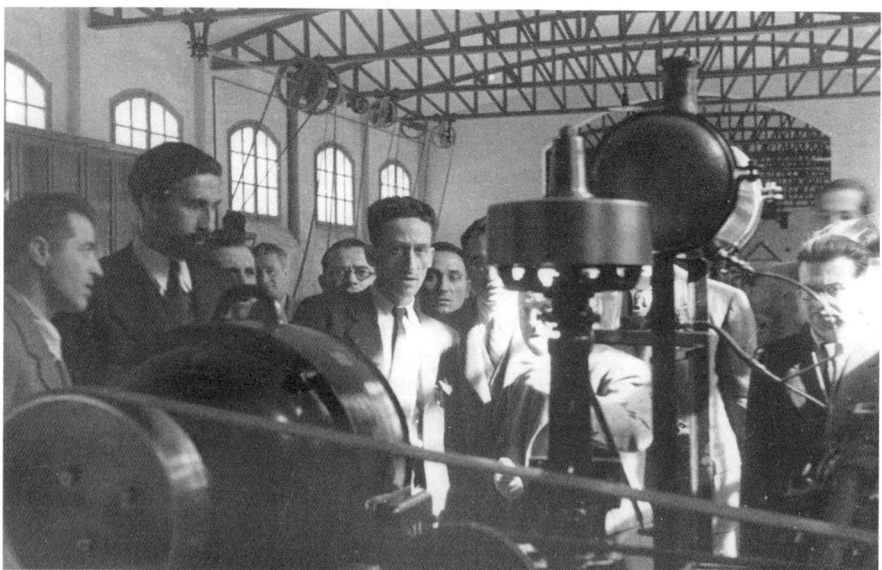

Visita de Segundo Blanco, Ministro de Instrucción Pública y Sanidad, a la Escuela
Industrial. Terrassa (Barcelona). 1938. Archivo Fundación Anselmo Lorenzo (CNT).

Emma Goldman conversando con dos hombres. Margaret Michaelis.
Utiel (Valencia). 1936. Archivo Fundación Anselmo Lorenzo (CNT).

Fábrica Duro Felguera dirigida por la CNT. La Felguera
(Asturias). Archivo Fundación Anselmo Lorenzo (CNT).

El edificio que ocupa el Sindicato de la Construcción engalanado
en el 2º aniversario de la muerte de Durruti. Barcelona.
1938. Archivo Fundación Anselmo Lorenzo (CNT).

Comedor popular en el Hotel Ritz. Barcelona. 1936.
Archivo Fundación Anselmo Lorenzo (CNT).

Comedor del Miliciano patrocinado por Solidaridad Internacional
Antifascista (SIA). 1937. Archivo Fundación Anselmo Lorenzo (CNT).

Anexos

Anexo. Abril de 1932. Proyecto para la constitución de un Consejo de Economía[226]

Preámbulo

Respondiendo a los fines de la CNT en el orden doctrinal del Comunismo Libertario, cada día preocupa con más intensidad al espíritu de los militantes, y a los sindicatos, la necesidad de crear aquellas organizaciones debidamente capacitadas para cumplir el cometido importantísimo de estructurar la vida social al siguiente día de la revolución perseguida por los sindicatos. Y no escapa a la perceptiva de nadie que se preocupe de este aspecto de nuestra organización, la imprecisión actual en tal sentido, en momentos como los presentes en que un acontecimiento imprevisto podría poner a la CNT en trance de adueñarse de la cosa pública y realizar sus postulados revolucionarios.

La experiencia revolucionaria de algunos países nos demuestra que cuando un pueblo sufre una convulsión revolucionaria, a falta de organizaciones adecuadas al fin directivo de la revolución, ésta esta encauzada y dirigida por minorías de hombres que traducen su acción directora en una dictadura. La única posibilidad de impedir el ejercicio del poder personal, de la dictadura, consiste en crear antes del momento revolucionario, organismos capaces de contener así el dominio de la fuerza revolucionaria y ser así el cauce normal por donde marcha triunfalmente la revolución. A llenar parte de este cometido revolucionario tiende el proyecto para la constitución del Consejo de Economía.

Pero es preciso trazar su propia órbita, y fijar concretamente las relaciones que han de presidir al Consejo Local de Economía con la Federación Local de sindicatos.

El tiempo de la revolución social ha de poner en manos del proletariado, el poder de la producción y el consumo. Aunque relacionadas entre sí, las funciones de la producción han de ordenarse independientes de las normas y funcionamientos del consumo. Es decir,

226. Noy (Juan López). El Trabajo, 09/04/1932, p. 3

que por un lado, existirá, dentro de una esfera propia, la organización del trabajo base y eje de la riqueza.

Y de otro, también dentro de una esfera propia, la organización administrativa de la economía, encargada de atender al orden del consumo. Para los fines de la producción, los sindicatos serán la base y la Federación Local de éstas será el lazo que ordene el conjunto. Reside, pues en la Federación local de Sindicatos, la facultad de atender a la producción, en cuanto a los fines revolucionarios del sindicalismo.

Para prevenir a los fines complejos del consumo, se requiere una organización propia, pero que se enlace con la Federación Local de Sindicatos como el complemento de un mecanismo político-económico sobre el cual ha de sostenerse la sociedad comunista libertaria. A esto responde, pues el Consejo de Economía.

A este fin, trazamos en líneas generales los fines, estructura y funcionamiento del mismo, dejando a la deliberación soberana de los sindicatos hacer las enmiendas precisas y su adopción definitiva.

Esbozo del Consejo de Economía

Finalidad

Los fines del Consejo de Economía se dividirán en dos aspectos:

1º Los que estarán comprendidos en el periodo siguiente: Desde la constitución del Consejo de Economía hasta el día que los sindicatos logren el triunfo de la revolución, y que serán de información y preparación.

2º Los que se asignen para su cometido después de la expropiación del capitalismo, y que tendrán carácter ejecutivo.

Corresponderá al aspecto 1º:

a) Estudiar las diferentes modalidades administrativas de la sociedad actual, de Empresa, del libre comercio individual y corporativo y del Municipio.

b) Proyectar las organizaciones especiales que puedan administrar la riqueza sobre normas comunistas, en substitución a las similares del capitalismo.

c) Planear los métodos más apropiados para la adquisición individual y familiar de los productos de consumo, en sus múltiples aspectos.

Corresponderá al 2º punto:

a) Dictar las normas para el consumo

b) Representar y distribuir la riqueza bajo las normas pre establecidas

c) Efectuar las operaciones del intercambio de productos con las regiones y las comarcas

d) Constituir los Consejos nacionales de Economía

Estructura

1º El Consejo de Economía lo compondrán tantos delegados como secciones en que se dividan los Sindicatos, y estará dividido en las secciones siguientes:

a) De industrias primas,

b) De industrias manufactureras

c) De la edificación

d) De los transportes

e) De Cooperativas

f) De servicios públicos

g) De postes

h) De instrucción, artes y ciencias

i) De sanidad e higiene. Etcétera, etc.

2º El Consejo de Economía, al constituirse, nombrará un Secretario general, un contador y un tesorero. A medida que aumente su actividad y responsabilidad irá adoptando la estructura que mejor acomode a su función, lo cual se adoptará por acuerdos regulares.

3º El poder deliberativo para el funcionamiento del Consejo de Economía residirá en los sindicatos, siendo éstos los que tracen las normas de su actuación.

* *

Seguros de expresar sintéticamente nuestra proposición, dejamos solamente abocetado el proyecto en líneas generales, dejando al estudio de los Sindicatos la iniciativa de reglamentar en definitiva este organismo. Creo necesario que, sin demora, las federaciones locales de sindicatos lo sometan al estudio de los mismos, para su adopción definitiva en los sucesivos Congresos locales que se celebren.

Es un trabajo de articulación que no puede echarse en el olvido, si de verdad queremos capacitarnos orgánicamente para los fines de la revolución.

Noy

ANEXO. ENERO DE 1937. DICTAMEN QUE PRESENTA
LA PONENCIA NOMBRADA PARA ELABORAR LA
ESTRUCTURACIÓN DE LOS CONSEJOS CONFEDERALES
DE ECONOMÍA, CONTROL Y ESTADÍSTICA

Constitución de las cajas de regularización e iniciativas[227]

Considerando de imperiosa necesidad la organización de Consejos Administrativos, que regulen la buena marcha de la producción y la distribución en todos los aspectos, y que al propio tiempo sirvan de orientadores revolucionarios en la nueva estructuración económica y social de la explotación en común de las riquezas naturales, fabriles, artísticas e intelectuales de los pueblos ibéricos, sometemos al estudio y aprobación de la Organización Confederal, el siguiente articulado de estructuración Nacional de las relaciones económicas entre los trabajadores de la CNT.

Estructuración de los diversos Consejos
de Economía, Control y Estadística

Consejos de Empresas

En cada centro de producción y distribución, fábrica, taller, campo, mina, etc., se constituirá un Consejo Administrativo formado por un representante de cada sector de trabajo a juicio del Sindicato correspondiente, el cual se reunirá por lo menos una vez por semana y fuera del horario de trabajo. Tendrá a su cargo la fiscalización de los balances correspondientes a cada ejercicio, y investigará acerca del rendimiento y cumplimiento de la labor particular y general de todos los componentes de la producción, así como de la formación de las estadísticas de la Empresa.

Cada Consejo nombrará de su seno tres delegados que con carácter permanente atenderán las necesidades de las diversas modalida-

---

227. "Dictamen que presenta la ponencia nombrada para la elaborar la estructuración de los Consejos Confederales de Economía, Control y Estadística", 11/01/1937. ANC1-886-T-3641 (Arxius en Línia, procedente del CDMH, PS_BAR_C0528_Exp007)

des de la producción, tales como contabilidad, ordenación técnica, estadísticas, etc.

Cuando una fábrica, taller, campo o mina se una a otros centros de producción y distribución de las mismas características de trabajo, se creará un Consejo General de Empresa, cuyas funciones serán las asignadas a los Consejos de Empresa.

El cargo de delegado de estos Consejos no releva a sus componentes de sus obligaciones consuetudinarias.

Consejo de Sindicato de Industria

En cada Sindicato se constituirá el Consejo Económico, compuesto por un representante de cada Sección o Rama industrial o Agrícola con las atribuciones o características siguientes:

a) Organización técnica de la producción

b) Control Administrativo

c) Ordenación de Estadísticas

Si establecemos estas tres funciones para designar la composición de un mismo Consejo de Sindicato de Industria, es con el fin de delimitar desde sus bases, las funciones propias a ejercer en ellos en orden a un desarrollo económico Nacional, ya que de la inteligencia y acoplamiento regular de dichas funciones entre sí y con los Consejos Regionales de Industria, dependerá el éxito de toda la Organización.

La Organización Técnica de la producción tenderá preferentemente a todo lo que represente rendimiento máximo de la misma, estudiando aquellas iniciativas o mejoras aportables, modificando las condiciones defectuosas de realización general.

El Control Administrativo cuidará de la exactitud de todas las operaciones y del cumplimiento de las medidas que den la máxima eficacia a la labor totalitaria.

La ordenación de estadística se ocupará de los gráficos de rendimiento de cada sector o especialidad, de los resúmenes de estados de existencias, salidas y balances, y formará los índices industriales de producción que le corresponde.

Consejo Regional de Economía, Control y Estadística Confederal
Se constituirá con dos delegados por cada Sindicato Regional de Industria o Federación Nacional de Sindicatos de Industrias.

Consejo Nacional de Economía, Control y Estadística Confederal
Se formará por dos delegados de cada Consejo Regional de Economía, Control y Estadística, procurando que todas las Industrias de la Nación estén representadas en el mismo, ínterin se constituyan todas las industrias de España en Federaciones Nacionales de Sindicatos de Industrias, en cuyo caso deberá formarse a base de una representación directa por cada Sindicato o Federación Nacional de Industria.

Los cargos en todos los Consejos nombrados, serán elegidos por un mínimo de un año de duración y dos como máximo.

Control y Fórmulas de regularización

Es lógico y conveniente que para la buena marcha de cualquier producción, lleve este al detalle su contabilidad correspondiente y que lo propio ocurra en las agrupaciones de empresa. Son el fin de que éste se realice debidamente, y puedan conocerse en determinado momento las deficiencias o anomalías que pudieran aparecer y estar a tiempo de subsanarlas en beneficio de la colectividad aceptada y de la Organización Económica en general, es por lo que sometemos a juicio de los trabajadores la conveniencia de crear un sistema de control o inspección de todas y cada una de las producciones con rendimiento y propia contabilidad para poder establecer con las mayores garantías posibles. La case de ayuda en forma de compensación o subsidio que pudiera otorgarse a las producciones de escaso rendimiento, o la conveniencia de acoplar sus trabajadores a otras empresas de mayor interés, previo asentimiento de los Sindicatos interesados.

Decimos esto último, porque consideramos que no es dando a cada trabajador en particular una aportación solidaria extraída de otros órganos de producción, como entendemos que deben ser nivelados los ingresos de los individuos, sino creando otros sistemas de producción que mejoren las condiciones de rendimiento de las industrias pobres, cual debe enfocarse esta fórmula de compensación.

No vamos a impugnar ahora la tesis que sostiene que la solución del problema económico social, se encuentra en la unificación del ingreso pecuniario de los individuos, mas sí someteremos a la consideración de la Organización Sindical algunos razonamientos deducidos de la práctica de la vida del trabajo, con objeto de situar este arduo problema en el justo término que su estudio y la experiencia de las cosas nos dictan, con el fin de sentar las premisas que deben presidir la regularización y compensación de los ingresos tanto individuales como colectivos, en esta primera etapa de reconstrucción económica.

No pretendamos por ejemplo, que se limiten los jornales, en cualquier producción que sea, a una tarifa fija, especialmente cuando ella podría no garantizar en algún momento u ocasión los medios mínimos de vida necesarios al trabajador.

Sí que propugnamos porque se desvanezca tal mentalidad, ya que la misma corresponde muy bien a una teoría socialista de explotación del elemento productor por el organismo burocrático estatal, pero se halla en abierta contradicción con las teorías Anarquistas de libertad total del individuo.

Aparte estas razones consignadas, podríamos aducir que, visto bajo un prisma político, aparecen otras consideraciones alrededor de la ingente labor constructiva que estamos realizando, como son las de captación de la simpatía general y en particular la de aquellos elementos técnicos especializados que necesitamos con el fin de poder realizar con todo éxito nuestra obra. Resumiendo pues en tres puntos nuestros razonamientos llegaremos a las conclusiones siguientes:

1º - No podemos ni debemos imponer una cantidad exigua como tope al sueldo de los trabajadores.

2º - Tenemos que admitir como natural el que por causas periódicas u accidentales, tengan que variarse los salarios de forma que garanticen aquellas condiciones mínimas de subsistencia.

3º - Si según nuestros principios todo el mundo tiene derecho a consumir de acuerdo con sus necesidades, entendemos que mientras subsista el signo monetario, todo trabajador debe percibir un salario que le permita atender debidamente a las mismas.

Lo que tenemos que evitar es la acumulación de las riquezas en una sola mano, o la de los signos monetarios que la representan en la actualidad, a saber: el oro, el papel moneda, y para ello, deberán tomarse, cuando las circunstancias lo aconsejen, medidas terminantes conducentes a destruir dicha posibilidad, fomentando las transacciones a base de un sistema de intercambio y circulación de mercaderías (sic).

Organización del Control o Inspección

Comenzando por el Consejo Nacional de Economía, cada Consejo nombrará delegados inspectores que fiscalicen la administración y buena marcha del Consejo inmediato inferior. Los Consejos de Sindicatos de Industrias inspeccionarán la contabilidad de los Consejos de Empresas retirando un balance semestral de cada uno de ellos para su estudio y aprobación, remitiéndolo al Consejo Regional para que éste a su vez, los entregue al Consejo Nacional para su aprobación definitiva.

Todo Confederado tendrá derecho a intervenir directamente en cualquier inspección que se realice, sea del Consejo que fuere.

Ordenación de Estadísticas y relaciones exteriores

Consideramos a la Ordenación de Estadísticas como uno de los principales elementos en la nueva estructuración económica, ya que con sus datos concretos y seguros, nos revelarán en cualquier momento el estado y desarrollo de todas las actividades económicas, productivas y distributivas.

Desaparecida la arcaica creencia de que con un simple libro de entradas y salidas puede dirigirse una industria, debemos ir a la creación inmediata de los gráficos y de la distribución simplificando al propio tiempo las operaciones contables con la unificación del sistema federal de contabilidad, y en este sentido computar la recopilación de datos y resultados, hasta perfilar el fiel de las balanzas industriales, agrícolas y comerciales de los Municipios y las Regiones, y compendiadas nos proporcionarán una visión exacta del estado real de toda la producción Nacional.

Recalcamos al propio tiempo que esta Organización de carácter extrictamente (sic) técnico, debe prosperar al margen de la estructuración económica, ya que su principal misión es precisamente la de avisar las deficiencias o defectos que en el curso de las operaciones productivas y distributivas se observaran.

Los gráficos de producción y distribución, resúmenes de operaciones y extractos de existencias y balances, que formen los Consejos de Empresas, pasarán a manos del Consejo del Sindicato, el cual los remitirá al Consejo Regional y este a su vez al Nacional, hasta confeccionar las escalas de estadísticas de cada Industria de la Nación, formando con ello la base sobre la que se asentaran los intercambios de producción en el orden Internacional.

De acuerdo con los datos obtenidos a través de esta ordenación de estadísticas, se procurará llegar a un sistema de circulación de productos en el territorio Nacional, buscando al propio tiempo mercados en el exterior del país, llegando inclusive a la super-producción si fuera necesario, observando todas aquellas fórmulas que nos permitan establecer un nuevo sistema de relaciones económicas en un sentido lo más completo, y totalitario posible.

Constitución de las Cajas de Regularización e Iniciativas

Estructurada la composición de los Consejos de Economía, control y estadística de nuestra Confederación, salta a la vista, que únicamente la función de control o inspección administrativa o Sindical, puede ser ampliamente realizada, ya que las de estadísticas y economía nacional.

Por consiguiente, y estableciendo que la más fundamental de las revoluciones económicas, es la preconizada por nuestros conceptos libertarios de intercambio directo, solo podrá ser ella realizada con garantía de éxito una vez haya desaparecido el signo monetario que circunstancialmente regulan las relaciones económicas.

No obstante ello, podremos crearnos, transitoriamente, una caja propia de regularización e iniciativas, cuyo capital se constituirá a base de gravamen sobre los beneficios que se obtengan en las producciones industriales y agrícolas que pertenezcan a la Organización.

Resultaría obvio insistir en que la función económica, tanto mientras exista la moneda, se viene realizando generalmente a través suyo, y por consiguiente no podemos hablar de Consejos de Economía, si al propio tiempo, no creamos el medio que les permita actuar, en este caso el capital indispensable que sirva de agente regulador, con sus características esenciales de compensación y nuevas empresas. Y para todo esto se necesita:

1º.- Que todas las empresas se encuentren en nuestras manos.

2º.- Que estas empresas tengan una vida próspera.

3º.- Que se formen nuevas empresas y se supriman las improductivas.

Como decíamos, mientras no desaparezcan los billetes en circulación, la fórmula reguladora posible es la mencionada de un gravamen director sobre los beneficios que se obtegan.

Beneficios que por cualquier concepto
salden los Consejos de Economía

Aquellas producciones que tengan la fortuna de salir con beneficios netos, salvadas las cuantas de previsión correspondientes, y siempre que sus componentes no perciban una remuneración excesivas que esté en desacuerdo con los emolumentos de otros sectores de producción similar, a juicio del correspondiente Consejo Económico, destinarán dichos beneficios en la siguiente forma:

Un 50% para un fondo de reserva con destino a conservación y mejoramiento de las necesidades Sindicales, Industriales o Agrícolas. El otro 50% pasará a poder del Consejo Regional correspondiente.

Las ajas de los Consejos Regionales guardarán el 50% de esta recaudación, entregando el resto a la caja de regularización e iniciativas del Consejo Nacional de Economía, Control y Estadística Confederal.

Necesidad de intervención bancaria propia en nuestras
operaciones financieras mientras subsista la moneda

Como órgano complementario a nuestra estructuración económica, entendemos que se debe ir a la creación de un Banco de Crédito Confederal, cuya misión fundamental será la de absorber la totalidad de las operaciones financieras de nuestra Organización, y por lo tanto propugnamos porque el mismo se constituya lo antes posible, bajo la dirección de nuestros Consejos de Economía, Control y Estadística.

Constitución rápida de nuestros Consejos
de Economía, Control y Estadística

En definitiva, y como resumen de lo expuesto en esta Ponencia, consideramos que para llevar a la práctica este proyecto, una vez aprobado por la Organización, y con el fin de convertirlo en una realidad inmediata, debe nombrarse una Comisión compuesta por diez compañeros competentes, con la misión exclusiva de ir constituyendo prácticamente y con su ayuda directa, los Consejos especificados en este dictamen, que han de formar la base sobre la que se asiente la potencialidad económica y social de nuestra Organización.

Así mismo, consideramos imprescindible la creación de los Cuadros Técnicos Confederales, para que puedan cumplirse ampliamente las funciones de la Nueva Economía Nacional.

Por la Ponencia
ESPECTÁCULOS PÚBLICOS, INDUSTRIA QUÍMICA, PROFESIONES
LIBERALES, ALIMENTACIÓN, SANIDAD
BARCELONA, 11 DE ENERO DE 1937

ANEXO. SEPTIEMBRE DE 1937. FUNCIONAMIENTO DE LA SECCIÓN DE ECONOMÍA DEL COMITÉ NACIONAL

La Sección de Economía tenía su sede en Valencia, sede también del Comité Nacional. Estaba presidida por Mariano Cardona Rosell. Para el 2 de agosto de 1937, Cardona informaba que solo funcionaban con normalidad los departamentos 1, 3, 5 y 6, del documento que tenemos a continuación, mientras que el 2 y el 4 estaban en plena organización. Los departamentos 7 y 8 seguían a la espera de tener el número suficiente de delegados para ponerlos en marcha.

Sección de Economía[228]

Funciones-estructuración-coordinación

La "Sección de Economía" del Comité Nacional Confederal es la llamada a entender en cuantos asuntos relacionados con la obra constructiva de la Revolución y creación del nuevo orden económico-social en gestación se le planteen al CN confederal o en que éste haya de intervenir, ya sea a requerimiento de otros organismos confederales, o de otra naturaleza, o por iniciativa propia.

Para realizar este amplio cometido, desenvuelve sus actividades en las tres siguientes direcciones:

A) Atendiendo las consultas de todo orden, de carácter económico o estadístico, que le puedan ser hechas por organismos confederales (Sindicatos, Federaciones de éstos, ya Locales, Comarcales, Regionales, o de industrias y ramos), por empresas o entidades colectivizadas y socializadas (ya sean estrictamente CNT o mixtas UGT-CNT), por organismos de carácter sindical u oficial UGT-CNT que comprendan o intervengan la totalidad o parte de algún sector de la economía nacional o de sus ramas o especializaciones, y por último, las que le sean hechas por empresas de todo orden, intervenidas por los trabajadores CNT o UGT-CNT, o por los militantes de la CNT o de la FAI.

B) Interviniendo directamente, en la persona de su Secretario, o en la de otros componentes de la Sección, en organismos ofi-

----

228. Informe recogido de 36D.1. Fondo CNT (España). IISH (Ámsterdam).

ciales de carácter económico nacional (Junta Nacional contra el Paro, Caja Postal de Ahorros, Servicio Nacional de Crédito Agrícola, etc.), o en organismos confederales de carácter económico nacional auxiliar (Asociación Nacional de Técnicos y Federación Nacional de Trabajadores de Banca, Ahorro, Seguros y Afines) o de misión económica nacional definida (los diversos en proyecto sobre Banca, Comercio Exterior, Seguros-Previsión).

c) Estudiando, estimulando, fomentando y realizando la creación de Federaciones Nacionales y Regionales de industria o ramo, Consejos Económicos de cualesquiera órdenes, y orientando, controlando y, en cuanto los acuerdos de cada momento lo permitan, dirigiendo la política económica de los Organismos confederales (tanto en lo que se refiere a precios de coste y de venta, precios de consumidor, ordenamiento en planos industriales y en plan nacional de las retribuciones del trabajo, modificación de industrias, preparación de la gradual desaparición de industrias inadecuadas y absorción de sus masas de productores por otros órdenes de la actividad económica nacional, etc.). Realiza las actividades de esta letra a través del departamento de dicha Sección, titulado "Consejo Económico Confederal" (o Consejo de Economía Confederal) y de los Plenos periódicos nacionales de Secciones de Economía, de Comités Confederales Regionales, indicados en otro lugar.

La dirección y responsabilidad de la SECCIÓN DE ECONOMÍA, y de todos y cada uno de sus departamentos, incumbe al SECRETARIO de la Sección, designado libremente por acuerdo del Comité Nacional Confederal. Los demás componentes de la Sección quedan responsabilizados en sus respectivas tareas fijas encomendadas y en los acuerdos de conjunto.

La correspondencia *oficial* de la "Sección de Economía" cualesquiera que sean los departamentos afectados, será visada por el Secretario de la Sección y firmada por el Secretario del Comité Nacional Confederal, o por quienes, en ausencia de los mismos, ejerzan circunstancialmente su representación. Ambos se responsabilizan únicamente de aquellos documentos que lleven respectivamente su visado o firma.

Son componentes de la "Sección de Economía" los delegados designados por las Federaciones Nacionales de Industria para formar parte del Comité Nacional Confederal y también los designados para igual fin por las Federaciones Nacionales de ramo o profesionales, que en cada momento, estime oportuno el Comité Nacional confederal, de no tener ya en el seno de la "Sección de Economía" representantes indirectos de la misma en el caso de que los designados por las Federaciones Nacionales de Industria no completasen el cuadro indispensable de colaboradores profesionales necesarios para los diversos departamentos de la sección de economía.

El personal auxiliar (empleados de oficina, taquimecanógrafas, etc.) no es considerado como miembros componentes de la Sección, sino como personal dependiente de la misma, y por lo tanto, sin voz ni voto, en las deliberaciones de la Sección.

Compete al Secretario de la Sección la fijación de días en que haya de celebrarse reunión, pudiendo alterarlas a conveniencia del desarrollo de las tareas de la Sección, y suspenderlas, aplazarlas o anticiparlas. A petición suscrita de tres de sus componentes, convocará a reunión extraordinaria, que se ceñirá a los asuntos solicitados por los proponentes de la reunión. Iguales facultades le incumben en cuanto al departamento "Consejo Económico Confederal", cuyas extraordinarias se activarán por el mismo procedimiento y regirán por la misma norma citada.

Las convocatorias de Pleno nacional de Secciones de Economía (Comités Regionales, Confederales y Nacional) solo podrán hacerse por acuerdo recaído en reunión del Pleno de la Sección de Economía la facultad de organizar el Pleno Nacional y prepararlo a los fines de una mejor efectividad de sus tareas.

Organización interna de la S. de E.

Las diversas actividades de la misma se desarrollan a través de los siguientes departamentos de que se compone, cada uno con la misión que se señala:

1.- SECRETARIO. Dirección y control de los diversos departamentos de la Sección de Economía. Correspondencia general. distribución del trabajo del personal y control de su labor. Resolución de consultas verbales, telefónicas y por correspondencia. Representación de la S. de E. en Plenos de Federaciones de Industrias, centros oficiales, etc. de no existir otros compañeros. Convocatoria de reuniones y delegación de misiones en otros componentes de la Sección.

2.- VICESECRETARIOS. Habrá 3, procurando ser uno fijo por las mañanas, otro por las tardes, y un tercero, suplente, que procurará estar todo el día. Suplir las ausencias del Secretario. Atender visitas y consultas verbales o telefónicas, pasando al Secretario sólo aquellas que por su interés o dificultad convenga resuelva él personalmente. Llevar el Registro de visitas de Comisiones, etc. a la Sección, expresando motivo de la misma, etc. Llevar índice de los asuntos cursados por correspondencia, previa lectura de las copias de toda la documentación cursada. Gestiones personales oficiales les encomiende el Secretario.

3.- ARCHIVO. Comprende el relativo a la correspondencia general de la Sección, exceptuada la del Departamento "Consejo Económico Confederal", y de los documentos a que la misma se refieran. Normalmente, quedarán asignados a este Departamento 2 Delegados de Fdns. de Industria. Llevarán el archivo y los ficheros relativos al mismo. Repasarán correspondencia y documentos antes de archivarlos.

4.- BIBLIOTECA. Comprende la totalidad de la propia de la Sección de Economía, con el manejo de los Registros de Orden, de Materias y de Autores y los ficheros diversos establecidos en las Normas por que se rige el funcionamiento de la Biblioteca de esta Sección. Llevarán también los índices de las copias de fichas procedentes de las Bibliotecas regionales. Harán trabajos de extracción de datos y apuntes de obras contenidas en la Biblioteca para fines concretos. Normalmente, quedarán asignados a este Departamento 2 Delegados de Fdns. de Industria.

5.- CONTROL DE LEGISLACION OFICIAL. Comprende la revisión diaria de la "Gaceta de la República", "Diario Oficial de la Generalidad" y

"Diario Oficial de la Provincia de Valencia", y cuantos otros diarios o boletines oficiales se vaya acordando pasen a este control. Se facilita una hoja diaria a este control, que firma el encargado y en la que pone en "enterado" el Secretario de la S. de E., una vez cambiadas impresiones sobre lo anotado. Se facilita una copia de esta hoja al Departamento "Consejo Económico Confederal".

6.- INGENIERO TECNICO ASESOR. Se recurrirá al mismo sólo en aquellos casos en que haga falta comprobar los datos de carácter técnico-científico contenidos en algún proyecto de modificación de maquinaria, de cambio de procedimientos industriales de transformación o utilización de una materia, etc., y en cuantos otros su asesoramiento sea requerido por el Secretario de la S. de E., o por acuerdo del Pleno de esta.

7.- ESTADISTICA. Ha de atender a la recopilación de toda clase de estadísticas oficiales y confederales, estableciendo índices que faciliten los estudios o comprobaciones a hacer, clasificando los datos en forma conveniente a los fines de los diversos departamentos de la Sección. Cuidará de renovar periódica y asiduamente los datos de tipo estadístico confederal, tanto los relativos al movimiento de afiliados y trabajadores ocupados en las diversas industrias, sindicatos, etc., como a índices de salarios, precios, cosechas, producciones industriales globales, etc. Hará gráficos aclaratorios y resúmenes cuando se le indique, o lo estime necesario. El número de componentes de la Sección dedicados a este Departamento es variable, pero no podrá ser inicialmente menos de 3.

8.- CONSEJO ECONOMICO CONFEDERAL (O, como otros prefieren llamarle, Consejo de la Economía Confederal) Ha de ocuparse de cumplir esta doble misión:

a) Conocer, y en lo posible controlar, la marcha y desarrollo de todas y cada una de las Federaciones Nacionales de Industria, id. Regionales, y también, y en la medida de lo posible, de las empresas colectivizadas y socializadas y muy especialmente de las de carácter nacional, regional o policomarcal. Por supuesto de las Federaciones, empresas, etc. íntegramente CNT o mixtas UGT-CNT. En tal concepto se incluyen también los comités mixtos, etc. UGT-CNT de carácter o misión económicos.

b) Dirigir la política económica confederal, esto es, de las Federaciones de industrias CNT y empresas colectivizadas o socializadas CNT, e influir, a través de la representación CNT en las mixtas UGT-CNT, o en las simplemente intervenidas o controladas, en orden a los siguientes aspectos económicos:

A) Retribuciones de trabajo, hasta lograr el establecimiento, en plano nacional, y afectando a todos los órdenes industriales, etc. de la fórmula según las necesidades económicas familiares y profesionales, sobre la base de conceptos de igual definición específica.

B) Determinación de los precios de costo, incluidos los porcentajes de recuperación, restauración, conservación y reserva, y de los precios de venta al inmediato comprador.

C) Determinación de los límites permisibles a la intermediación, desde el precio de venta al consumidor (público), para poder lograr la gradual y acelerada supresión de intermediarios y el control sobre los precios del mercado del consumo, evitando la elevación caprichosa de éstos, por lo tanto, el encarecimiento del coste de la vida. Esta sección afectará, como todas las de este Departamento, tanto a los productos como a los servicios, pues los precios de unos y otros establecen el coste de la vida.

D) Regulación de la economía confederal, actuando a manera de "Consejo Regulador de la economía confederal", hasta el límite que lo hagan factible los acuerdos de la Organización y la voluntad de los interesados. Esta regulación puede comprender desde el informe, y ejecución de las supresiones, transformaciones, o creación y ampliaciones de fábricas, talleres, industrias, servicios, etc. hasta la facilitación del pacto de solidaridad económica entre ramas industriales (o federaciones) distintas y hasta la total compensación mancomunada y solidaria entre todas.

E) Intervención obligada en cuantos casos la central sindical haya de poner su aval económico para la creación, mantenimiento o protección, de organismos nacionales confederales creados por la misma para el cumplimiento de misiones económicas específicas en plano nacional o internacional, distintos a los que ya estén creados cuando se encuentre en normal funcionamiento este Departamento, y también para los entonces ya creados, cuando así lo solicite el Pleno de CN confederal.

Integrarán este Departamento todos los delegados de Federaciones nacionales de Industria y el Secretario de la Sección de Economía y también los compañeros que hayan sido designados para cargos responsables de los demás Departamentos de la Sección, aunque no sean delegados de Federaciones de Industria, aquellos otros que fuesen designados miembros complementarios del propio departamento, a solicitud del Secretario de la Sección de Economía, o por acuerdo mayoritario de ésta. Reunidos los mencionados en sesión convocada al efecto, constituyen el Pleno del "Consejo Económico Confederal", actuando de Presidente el Secretario de la Sección de Economía, y de Secretario, el responsable que se indique de entre los asignados a este Departamento. Se reunirá al menos una vez cada mes. La labor cotidiana y la preparatoria de las reuniones plenarias, incumbe al Secretario de la Sección de Economía y a los responsables que se designarán en número no inferior a seis. Se dispondrá del personal auxiliar que sea necesario. Los gastos de todo orden que motive la existencia de este Departamento serán sufragados por el Comité Nacional Confederal y éste podrá recibir de las Federaciones Nacionales de Industria o de las Regionales confederales la ayuda económica que libremente determine en su día con aprobación del Pleno Nacional de Regionales en que formule la demanda de ayuda.

El "Consejo Económico Confederal" no es el
"Consejo Nacional de Economía"

Es conveniente que los camaradas no produzcan el equívoco de imaginarse que el "Consejo Económico Confederal", no obstante la vasta magnitud de sus objetivos y el alcance de sus resoluciones, es un "Consejo Nacional de Economía". Lo es así solamente en cuanto se refiere al área nacional de la economía confederal, pero no lo es en la cabal extensión de la palabra "Nacional", porque sus acuerdos no comprenden, y, por lo tanto, tampoco obligan a la totalidad de la nación española, sino solamente a aquella parte de la nación que está vinculada directa y económicamente al movimiento confederal. No cabe, sin embargo, duda alguna, de que, por estar la economía española principal y mayoritariamente en manos de la CNT, la actuación del "Consejo Económico Confederal", puede ser trascendental, apenas actúe ya en marcha normal, pues la concepción libertaria de las cuestiones económicas suscitadas a través de los organismos económicos confederales de todo orden, ha de influir de manera decisiva, en el rito de la restante economía de la nación, ya siga tendencias marxistas o burguesas.

Ahora bien, si el "Consejo Nacional de Economía" por que venimos propugnando, sobre la base mixta que es conocida de la Organización y que ha divulgado muy especialmente el Secretario de nuestra Sección de Economía tuviese pronta realización, entonces gran parte de las labores del "Consejo Económico Confederal" se verían trasladadas a aquel, con la sola diferencia que el "Consejo Económico Confederal" sería el laboratorio y departamento de unificación del criterio confederal en la diversidad de actividades y resoluciones que hubiesen de afrontar en el "Consejo Nacional de Economía" los representantes CNT, que podrían ser en la mayoría de los casos, los propios componentes del "Consejo Económico Confederal", o una parte de estos, libremente designados por el Comité Nacional Confederal, además de aquellos otros, no componentes de este Departamento, que fuesen igualmente designados por el mismo Comité.

Coordinación de la S. de E. del Comité Nacional y las secciones similares de los Comités Regionales

Para la completa eficacia de la Sección de Economía del Comité Nacional Confederal, y para que la Organización cuente con la potente organización técnico-económico, que en su desarrollo exige, y que se hace imprescindible por la razón misma de nuestra estructuración federalista, y como Sección de Economía del Comité Regional, todas y cada una de las misiones que en plano nacional tiene encomendadas la Sección de Economía de este Comité Nacional Confederal. Aquellas Regionales que ya tengan esta Sección creada, ya sea con este preciso nombre, o bien con otro cualquiera (el nombre no importa), deberán hacer lo necesario para transformarlas o adaptarlas a tenor de la Organización que hemos descrito en estas hojas. De este modo la coordinación resulta facilísima. Periódicamente, por correspondencia, se informarán las Secciones entre sí, por mediación de la Sección de Economía del Comité Nacional Confederal, de los asuntos que tengan en estudio, etc. Al Comité Nacional – Sección de Economía – remitirán duplicado de sus fichas de Biblioteca, de determinados datos estadísticos, etc. También periódicamente, y según ya sea ha indicado en otro lugar de estas hojas, se celebrarán Plenos Nacionales de Secciones de Economía Regionales y Nacional. En el interés mismo de la organización confederal, está la realización pronta y rápida de todo lo expuesto.

Valencia, 2 de agosto de 1937

POR EL COMITÉ NACIONAL: MARIANO R. VÁZQUEZ
EL SECRETARIO DE LA SECCIÓN DE ECONOMÍA: MARIANO CARDONA ROSELL

ANEXO. ENERO DE 1938. DICTAMEN DE CREACIÓN DEL CONSEJO DE ECONOMÍA CONFEDERAL

«LAS EMPRESAS INDUSTRIALES Y LAS COLECTIVIDADES CAMPESINAS CONTROLADAS POR LA CNT SERÁN REGIDAS POR EL CONSEJO NACIONAL DE ECONOMÍA CONFEDERAL»[229]

« Han transcurrido los meses desde el glorioso 19 de julio de 1936 y la potencialidad creadora del proletariado ha absorbido la atención de los militantes, pues apenas nos ha quejado tiempo libre para otra cosa que para ir dando forma a los anhelos revolucionarios, haciendo lo posible y hasta, a veces, al parecer, lo imposible, para verlos plasmados en creaciones concretas, al par que sectores numerosos de los militantes han asumido la dura y sublime tarea de mantener la lucha armada frente al fascismo para asegurar principalmente las conquistas de la revolución y facilitar el completo logro de los objetivos que ésta persigue.

» No es, por tanto, de extrañar que al cabo de casi un año y medio de aquella fecha memorable, no se haya podido realizar la debida coordinación que se hace indispensable en plano nacional para que todos los ámbitos de la economía controlada o inspirada por la clase trabajadora de España se hayan entrelazado y fundido del modo que es necesario para llegar a percibir de manera efectiva las ventajas de una socialización que, para merecer completamente el nombre de tal, tiene que superar algunas etapas, la principal de las cuales es sin duda alguna aquella que implica la intercompensación de esfuerzos y recursos y conduce a la solidaridad económica en el más amplio sentido que puede darse a estos vocablos.

» No sería posible que esa etapa a que aludimos pudiera cumplirse, si no nos decidimos a establecer las normas y crear el mecanismo que permita realizar la concentración administrativa de la economía en manos de los trabajadores. Por lo que a nuestra central sindical atañe, sólo podemos hablar, y por esto lo hacemos así en el enunciado de este punto del Orden del día, de la economía confe-

---

229. Peirats, tomo III, 1988 [1952]: pp. 16-21.

deral. Esta no es solamente aquella economía integralmente nuestra, sino también nuestra participación en las unidades económicas confederales y del conjunto de todas ellas, con el agrupamiento indispensable para poder tener a la vista, como material estadístico de primer orden, las sumas representadas por las existencias de materiales manipulados, recibidos, invertidos o cedidos por los almacenes de todas aquellas unidades, las sumas efectivamente invertidas en salarios, el valor del herramental y de los medios de producción en manos de los trabajadores y la suma de los recursos monetarios y crediticios a disposición de las mismas expresadas unidades económicas. Y todo esto y cuanto por serle afín en técnica contable y administrativa omitimos, dispuesto de modo tal que pueda servir de base cierta a los estudios, cálculos y decisiones del Consejo Económico Confederal.

» Este y ningún otro organismo será el que, de conformidad con las facultades y autorizaciones que le hayan sido otorgadas por la Organización en virtud de los acuerdos del Pleno nacional ampliado o en congresos ordinarios de nuestra central sindical, y, en defecto de los mismos, en Plenos nacionales o regionales, podrá movilizar los recursos económicos a las que afecta cuanto se prescribe en este Dictamen.

» La centralización se operará partiendo de las unidades económicas hasta los Consejos técnicos administrativos de Industria local, describiendo desde este momento dos movimientos: uno que irá pasando por diversos planos sucesivos (estructuración de la Federación de Industria), otro el de los Consejos económicos.

» Las unidades económicas que constituyen la base de este sistema administrativo son de dos órdenes:

» a) De integración completa CNT. b) De integración mixta CNT UGT u otros elementos.

» Constituyen las del primer orden citado:

» 1.º Las empresas colectivizadas o las que adopten esta denominación en cualquier parte del territorio nacional, cualesquiera que sean las leyes que las legalicen o las consientan.

» 2.º Las industrias socializadas, esto es, aquellas denominadas así por los trabajadores por haber logrado un grado de mayor perfección en su colectivismo y estar vinculadas directamente al Sindicato de Industria, o Federación regional o nacional de la Industria respectiva.

» 3.º Los talleres y establecimientos o tiendas confederales. Debe entenderse este grupo como conteniendo todos aquellos talleres, etc., denominados de este modo por depender directamente dé la economía de los Sindicatos de Industria o estar vinculados a su dirección y decisión.

» 4.º Las Cooperativas de producción, constituidas conforme a las leyes en vigor o legalizables en cualquier momento, siendo los cooperadores obreros de la CNT.

» 5.º Colectividades campesinas totalmente CNT, cualquiera que sea su reglamentación y legalización.

» 6.º Compañías mercantiles, cualquiera que sea su denominación (colectivas, comanditarias, anónimas o limitadas), en las que el capital pertenezca a trabajadores CNT.

» Formando grupo especial debemos agregar, como constituyendo parte de la base, los tres organismos siguientes:

» 7º La sucursal del Banco Sindical Ibérico.

» 8º Las cooperativas de consumo o centros mercantiles que haya creado o pueda crear la CNT.

» 9.º Las Mutualidades de Seguros, Mutuas de Previsión y Accidentes, Agencias Sindicales Administrativas de Seguros, etc.

» Constituyen el segundo orden de unidades económicas:

» Todas las entidades reseñadas en los números 1º al 6º del primer orden, constituidas con participación económica directa de los trabaja dores de la UGT, cualquiera que sea el número de ellos.

» Por lo que antecede, esta Ponencia entiende preciso estructurar:

» 1.º Los órganos económicos de que se compone una Federación nacional de Industria, y

» 2.º Los Consejos de economía.» ESTRUCTURACIÓN DE LOS ORGANOS ECONÓMICOS DE UNA FEDERACIÓN NACIONAL DE INDUSTRIA.

» El escalonamiento de los órganos económicos que, partiendo de la base del centro de producción, han de llegar a la Federación nacional de Industria, son los siguientes:

» 1.º El del Centro de producción (Consejo o Delegación técnico administrativa).

» 2.º El de una sección de Rama industrial (Consejo técnico administrativo y estadístico).

» 3.º El de la Rama industrial (Consejo técnico administrativo y estadístico).

» 4.º El de la Industria local (Consejo técnico administrativo y estadístico).

» 5.º El de la Zona industrial (Consejo técnico administrativo y estadístico).

» 6.º El de la Región industrial (Consejo técnico administrativo y estadístico).

» 7.º El Nacional industrial (Consejo técnico administrativo y estadístico. Federación nacional).

» En el orden antes enunciado existirán los consejos que a continuación se mencionan:

» 1.º En cada Centro de producción, y según la importancia económica del mismo, existirá un Consejo técnico administrativo o simplemente una delegación que dirigirá la marcha del trabajo en los dos aspectos que su misma denominación determina.

» 2.º Los Centros de producción similares constituirán el Consejo técnico administrativo y estadístico. Ejercerá el control técnico administrativo y estadístico de los Centros de producción que comprenda la sección.

» 3.º Las diferentes secciones de una Rama industrial nombrarán Consejo técnico administrativo y estadístico del ramo, el cual ordenará todos los datos de resúmenes que le faciliten las secciones, procurando siempre que exista una buena orientación técnica.

» 4.º Los ramos de que se compone una industria tendrán como nexo de relación un Consejo técnico administrativo y estadístico de los Ramos de que se componga dicha industria. Ejercerá el control de los Consejos del Ramo.

» 5.º Reunida la Industria regionalmente, y previo estudio del emplaza miento industrial de sus Centros de producción, establecerán el número de zonas que han de existir en la región y la población donde ha de residir el Consejo técnico administrativo y estadístico.

» 6.º Con la misión de controlar la labor de los Consejos de zona y resumir los datos que éstos faciliten, existirá en la región un Consejo técnico administrativo y estadístico Regional.

» 7.º Los distintos Consejos técnico administrativo y estadísticos regionales tendrán como nexo de relación un Consejo técnico administrativo y estadístico de la Federación nacional de la Industria, corriendo a su cargo el control y orientación de su propia industria, a través de los Consejos regionales técnico administrativo y estadístico.

» NOMBRAMIENTO DE LOS DISTINTOS CONSEJOS TÉCNICO ADMINISTRATIVO Y ESTADÍSTICO.

» 1.º Los trabajadores del Centro de producción nombrarán, de su seno, los delegados que han de constituir el Consejo técnico administrativo y estadístico o simplemente la delegación.

» 2.º Reunidos los trabajadores pertenecientes a la misma sección industrial, nombrarán los delegados que han de constituir el Consejo técnico administrativo y estadístico de sección.

» 3.º En asamblea general del Ramo de Industria se nombrarán los delegados que han de formar el Consejo técnico administrativo y estadístico de Ramo, y también los delegados que han de formar parte en el Consejo técnico administrativo y estadístico de la Industria local.

» 4.º Una Asamblea general de Industria nombrará los tres delegados secretario, cajero y técnico que, junto con los delegados que enviarán los Ramos, constituirán el Consejo técnico administrativo y estadístico de Industria.

» 5.º Los Consejos locales técnico administrativo y estadístico reunidos en Pleno de Zona Industrial, nombrarán tres delegados que tendrán a su cargo las funciones específicas señaladas en el organismo local que, junto con los delegados que en calidad de vocales sean precisos (facilitados por la Industria local del lugar de residencia), constituirá el Consejo técnico administrativo y estadístico de zona.

» 6.º Un Pleno regional de Consejos técnico administrativo y estadísticos locales nombrará a los tres delegados cuyas funciones se han señalado para el organismo local y de zona. La localidad donde resida el Consejo técnico administrativo y estadístico Regional facilitará cuantos vocales sean precisos para constituir dicho Consejo regional. Este mismo Pleno nombrará al mismo tiempo a dos compañeros que representando a la Región, formarán parte del Consejo nacional de Industria.

» 7.º Los Consejos técnico administrativo y estadísticos regionales de Industria, reunidos en Pleno, determinarán los tres delegados que han de tener la máxima responsabilidad en el Consejo Económico confederal, los cuales, junto con los demás delegados regionales y los vocales que se consideren precisos facilitados por la localidad donde resida el Consejo, constituirán el Consejo nacional técnico administrativo y estadístico de Industria.

» Desde el órgano económico base Consejos técnico administrativo se dará cuenta periódicamente al organismo inmediato superior, hasta llegar al Consejo nacional de la Industria respectiva y al Consejo local de Economía.

» A partir de los Consejos técnico administrativos de los Centros de producción y pasando por los organismos superiores económicos sección, rama, industria, local, zona, regional y nacional tomarán parte, con carácter informativo, en las reuniones de los Consejos económicos.

» DE LOS CONSEJOS DE ECONOMÍA.

» 1.º En cada localidad se constituirá un Consejo local de Economía, el cual tendrá funciones delegadas del Consejo regional de Economía. Estos consejos locales de economía tendrán a su cargo el control técnico administrativo y estadístico de la localidad respectiva en cuanto a las industrias que lo compongan.

» Los Consejos tecnicoadministrativos de Industrias locales, reunidos en conjunto, nombrarán dos delegados que constituirán la comisión permanente de los Consejos de economía y tendrán a su cargo las funciones de mayor responsabilidad determinadas por los organismos superiores. A esta comisión permanente se reunirán los delegados que nombrarán cada una de las industrias en la localidad respectiva. Un delegado designado por la Federación local de Sindicatos de Industria o en su defecto por el Sindicato de Oficios varios, con carácter asesor y fiscalizador, completará el Consejo local de Economía.

» 2.º En cada región se constituirá el Consejo regional económico, el cual tendrá funciones delegadas del Consejo Económico confederal. Estos Consejos regionales económicos tendrán a su cargo el control técnico administrativo y estadístico de la región respectiva. Los Consejos técnico administrativo y estadístico de Industria regionales nombrarán seis delegados, que constituirán la comisión permanente de los consejos regionales de economía y tendrán a su cargo las funciones de mayor responsabilidad determinadas por el organismo superior.

» A esta comisión permanente se unirán dos delegados que nombrarán cada uno de los Consejos técnico administrativo y estadístico de Industrias regionales. A los efectos de asesoramiento y fiscalización, los Comités regionales de Sindicatos de Industria nombrarán dos delegados que complementarán el Consejo de Economía regional, uno de los cuales formará parte de la comisión permanente del mismo.

» 3.º Los Consejos nacionales técnico administrativo y estadístico de Industria nombrarán ocho delegados, que constituirán la comisión permanente del Consejo Económico Confederal, el cual estará completado por un delegado de cada una de las ramas principales de cada Federación nacional de Industria.

» Esta comisión permanente establecerá las siguientes Secciones: Scretaría general, Estadística, Control, Administración, Propaganda, Orientación técnica y alguna otra más si lo estimara necesario.

» El Consejo Económico Confederal tendrá a su cargo el control técnico administrativo y estadístico de todas las industrias, centros mercantiles, cooperativas, pertenecientes a la CNT, así como también los organismos bancarios, Asesoría técnica de Seguros, el fondo de Compensación familiar, Asociación Nacional de Técnicos y otros que nuestra Organización ha creado y en lo sucesivo cree. A fin de facilitar sus tareas delegarán las funciones que crean pertinentes, en cualidad o cuantía, a los consejos regionales de economía para que éstos, a su vez, puedan hacer lo mismo en cuanto a los consejos locales de economía.

» Tres delegados nombrados por el Comité nacional de la CNT, a los efectos de asesoramiento y fiscalización, formarán parte del Consejo Económico confederal, dos de los cuales integrarán, a su vez, la comisión permanente del mismo.

» Siendo este Consejo el aglutinante, en todos los órdenes, de las Federaciones nacionales de Industria, de las cuales habrá recibido toda la información y orientación, decidirá sobre todas las cosas que afectan a la economía nacional confederal, tanto en el aspecto técnico, como en el administrativo y estadístico, habiendo de ser acatadas por todas sus decisiones.

» A los efectos de distribución de trabajo el Consejo Económico Confederal nombrará comisiones específicas que dictaminarán sobre los problemas que incumban a cada una de ellas.

» Los consejos correspondientes dispondrán de cuantos elementos auxiliares; de cualquier orden, precisen para llevar a cabo su gestión. » Tanto los delegados en funciones de los distintos consejos como el personal dependiente de los mismos, dependerán económicamente de los caudales que administren.

» Tanto el nombramiento de los delegados que han de constituir la comisión permanente local, como el del regional y el nacional, están sometidos a la aprobación de la Federación local de Sindicatos, Comité regional y Comité nacional de la CNT respectivamente. Los comités sindicales paralelos a los órganos de economía locales, regionales y nacional designarán al compañero que ha de ejercer las funciones de secretario en los mencionados consejos económicos.

» Valencia, enero de 1938. Por la Ponencia: Federación Local de Hospitalet. Federación Local de Elda. Federación Local de Villanueva y Geltrú.»

ANEXO. AGOSTO DE 1938: CÓMO SE REALIZA LA ADMINISTRACIÓN ADMINISTRATIVA DE LA ECONOMÍA CONFEDERAL

Colaboración de Mariano Cardona Rosell.
Secretario General del CEC.[230]

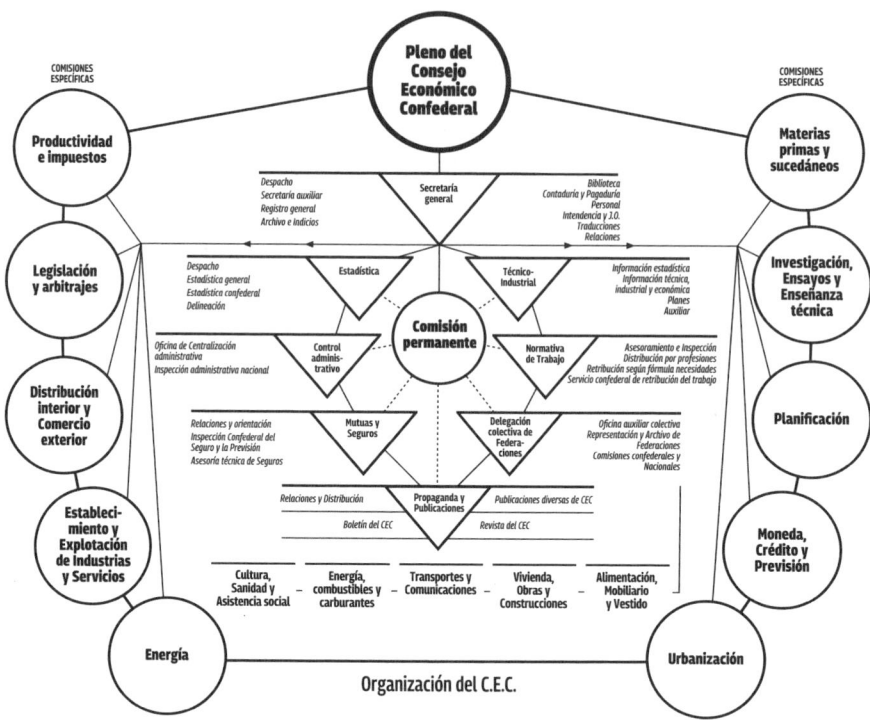

Organización del C.E.C.

Por ser muy conocidos de toda nuestra militancia los acuerdos del Pleno Nacional Ampliado, de carácter económico, celebrado en enero de 1938, pocas palabras son necesarias para explicar el procedimiento por el cual se llega a la centralización administrativa de la economía confederal, con un grado de perfección lograda en la estructuración interna de las diversas federaciones nacionales de industria y de los consejos de economía confederal locales, comarcales y de zona y, especialmente, regionales.

---

230. Tierra y Libertad, 13/08/1938, p.4

Están ya funcionando, desde algún tiempo, y cada vez con perfección adecuadamente mayor, los Consejos Regionales de Economía Confederal del Centro, de Levante, de Cataluña, y cuando aparezca este artículo habrá iniciado ya sus tareas el de Andalucía.

Antes que todos ellos comenzó sus actuaciones el Consejo Económico Confederal, que es el organismo que se encuentra en la cima de toda la estructuración económica establecida por aquel Pleno memorable.

El lector puede darse una idea bastante completa acerca de cuál es la organización interna del Consejo Económico Confederal examinado el gráfico que se acompaña relativo a la misma, ya que en él pueden leerse las denominaciones de las Comisiones específicas que han de dictaminar en los asuntos que hayan de ser motivo de resolución del Pleno de dicho Consejo, y de la relación de las Secciones con la Comisión Permanente, encargada de la ejecución de los acuerdos adoptados por el Pleno.

Los consejos regionales de economía confederal tienen una estructuración interna, bastante similar, si bien más reducida, por no precisar de la variedad de departamentos y Secciones de que consta el CEC y que son necesarias al mismo en razón de las materias en que han de intervenir y de la naturaliza y amplitud jurisdiccional de las resoluciones que debe adoptar, en complimiento de acuerdos orgánicos. En los consejos regionales se crean, sin embargo, diversas Secciones, dependientes de la Comisión Permanente, que se dedican exclusivamente a aquellas actividades que afectan de modo principal a la economía de su respectiva región y a las cuales, por lo tanto, tienen que dedicar una atención muy preferente y especializada. Así, por ejemplo, el Consejo de Levante de Economía Confederal, entre otras varias Secciones ha establecido una titulada de Agricultura.

La centralización administrativa no sólo se refiere a la materialidad de una centralización de tipo estadístico y contable, que va pasando por ciclos sucesivos, vertiéndose los datos y detalles de un ciclo en resúmenes refundidos que recoge el inmediato, y que se agrupan y refunden regional y nacionalmente en los consejos regionales de economía confederal y en el Consejo Económico Confederal (esto es, en el único de carácter nacional y general existente en la CNT), sino que, partiendo del conocimiento que se obtiene a causa de la realización de esta centralización contable progresiva de datos económicos y estadísticos, opera en la dirección responsable de la economía confederal en su conjunto, en provecho del proletariado confederal, y teniendo en cuenta los intereses de la economía nacional, de la que siempre consideramos que la confederal es sólo una parte, aunque sea, a no dudarlo, tal vez la parte principal y más decisiva. En el folleto que recientemente ha publicado el Consejo Económico Confederal titulado "Reglamento del CEC y Normas de organización y funcionamiento de sus Comisiones específicas y Secciones" se expresan con minucioso detalle las facultades y atribuciones del Consejo Nacional y de las regionales que ejercen funciones delegadas suyas en el ámbito confederal.

Si la centralización administrativa siguiendo la línea antes expuesta, sólo se operase a través de los consejos de economía confederal, cabría sospechar que ser estaba llegando a una centralización que atentaba tal vez a la variedad necesaria en el complejo económico, representado por las diferenciaciones de orden industrial, comercial, etc., que tienen su reconocimiento en nuestra Central sindical con la existencia de las federaciones nacionales de industria. Por eso, nuestra centralización administrativa se opera siempre mediante dos movimientos, cada uno de los cuales pasa por ciclos sucesivos, pero que convergen siempre en un mismo punto: el Consejo Económico Confederal.

El movimiento que se efectúa a través de las federaciones nacionales de industria, parte, al igual que el que se opera a través de los conejos de economía confederal, de la unidad económica (esto es, del centro de producción, entidad o empresa productora), y va pasando por los consejos técnico-administrativos y estadísticos de Sección de rama (de producción a que pertenece la respectiva unidad económica), de rama local de industria (obsérvese que ya no es sólo la rama, sino la industria, esto es, el conjunto de sus ramas, existentes en el plano local), de zona industrial (generalmente, las federaciones tienen zonas industriales peculiares y distintas entre sí), regional (que abarca el conjunto de las industrias existentes en la región y vinculadas a la federación o sindicato regional respectivo) y nacional (que tiene jurisdicción sobre la totalidad de los organismos regionales, de zona, etc. de la respectiva federación nacional).

Si se tiene en cuenta, además, que los consejos de economía confederal tienen en su seno, como vocales y representantes de las diversas ramas productoras, a elementos procedentes de las federaciones de industria, designados por los organismos paralelos de las mismas, y especialmente por los C.T.A. y E. de aquéllas, se comprenderá cuan perfecta es la coordinación existente y cuán homogénea la labor resultante, existiendo una gran variedad en cada orden de la producción y una máxima centralización, para coordinar y trabar entre sí, debidamente, todos los aspectos del complejo económico nacional confederal.

En el gráfico que acompañamos, relativo a la centralización administrativa de la economía confederal, puede le lector comprobar el mecanismo sencillo, y exacto a la vez, que sirve de fundamento a esta nueva ordenación establecida por el Pleno Nacional Ampliado de enero último. La flecha de doble dirección que une cada uno de los elementos de dicho gráfico expresa, cuando procede de la base y va a la cima, el movimiento seguido para la obtención de los datos contables y estadísticos, así como la información necesaria para la adopción de acuerdos prácticos, afluencia de posibilidades y recursos, etcétera; y cuando sigue la dirección que parte de la cima (Consejo Económico Confederal) y va a la base (unidades económicas) explica el alcance jurisdiccional de los acuerdos plenarios del CEC y de los consejos de economía confederal que ejercen funciones delegadas suyas, como asimismo de las federaciones nacionales de industria que lo integran, revelando cuales son los vehículos de que se vale para la ejecución, o aplicación, de sus resoluciones. La línea de puntos que, como cerrando dos rectángulos, figura en el gráfico, expresa la relación y dependencia esencial de los organismos fundamentales de todo el engranaje, pudiendo el lector observar que en el movimiento operado a través de las federaciones nacionales de industria, los órganos esenciales son, desde la base a la cima, el centro de producción, el sindicato de industria (local o comarcal), la federación regional (o sindicato regional), la federación nacional y el CEC; y en el movimiento operado a través de los consejos de economía confederal son solamente: el centro de producción, el consejo local de economía confederal, el consejo regional de economía confederal y el CEC. Los organismos que en cada uno de ambos movimientos no figuran en la dirección de la línea de puntos no son esenciales al engranaje, pero son necesarios para su perfecto desenvolvimiento y agilidad, evitando de este modo una acumulación excesiva de tipo administrativo, que congestionaría a los organismos esenciales aludidos.

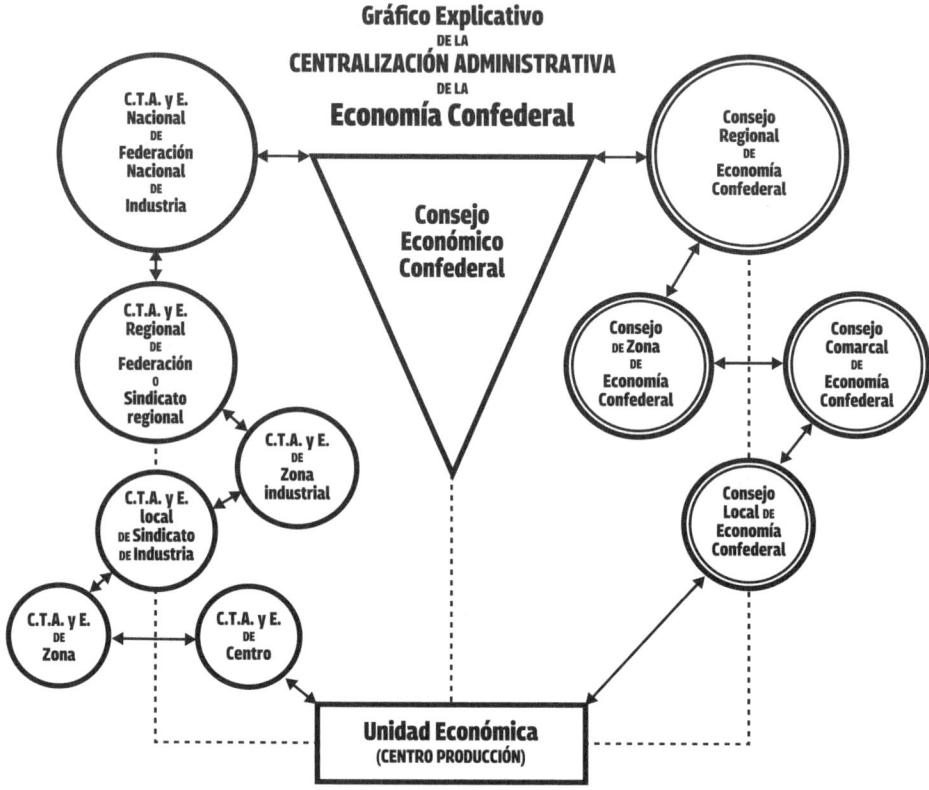

Gráfico Explicativo
DE LA
CENTRALIZACIÓN ADMINISTRATIVA
DE LA
Economía Confederal

Normas de las Secciones del CEC

Organización y funcionamiento de la Sección de Estadística
Del folleto editado por el Consejo Económico Confederal

La función que compete a la Sección de Estadística del Consejo Económico Confederal consiste en llevar, lo más al día que la circunstancias permitan, la estadística de la economía nacional y confederal, utilizando para la primera las fuentes oficiales existentes y las especiales de naturaleza confederal que se estimen oportuno consultar, y para la segunda los datos obtenidos a través de la Sección Control Administrativo del Consejo Económico Confederal y de las restantes Secciones, Departamentos y Comisiones del Consejo y de todas las Secciones del Comité Nacional de la CNT y también de las Federaciones Nacionales de Industria y de cualesquiera de otros organismos de carácter sindical o económico, afectos a nuestra Central sindical y vinculados de algún modo a la jurisdicción del Consejo Económico Confederal. Esta misma misión se entenderá extensiva a las estadísticas de carácter internacional, convenientes a los fines de la actuación del Consejo Económico Confederal.

La Sección de Estadística desarrollará cuantas iniciativas tiendan a poder asegurar el Consejo Económico Confederal en todo momento el conocimiento estadístico del desarrollo de las actividades económicas del país y de los organismos confederales, etc. y de los medios de producción o sectores económicos, y hasta actividades especializadas, que pueden ser objeto de un estudio posterior por parte de las diversas Comisiones específicas del Consejo Económico Confederal. El efecto, no solo pondrá en marcha y proseguirá aquellos trabajos de tipo estadístico que el sean fijados por acuerdo del Pleno del Consejo Económico Confederal, o por la Comisión Permanente, o por el Secretario General, sino que por sí misma decidirá el planteamiento y cotidiana efectuación de aquellos trabajos estadísticos que conduzcan a asegurar el servicio y finalidad antes expresados.

Finalmente, la Sección de Estadística es la llamada a preparar el material necesario para aquellas publicaciones ocasionales o fijas, ya periódicas o eventuales, que estime oportuno editar el Consejo Económico Confederal para divulgar el conocimiento de datos, resultados y cifras que, por su interés general, puedan aconsejas su publicación.

Para el complimiento de estas funciones, la Sección "Estadística" se compondrá de las siguientes cuatro subsecretarías o departamentos:

- Orientación y Consulta
- Estadística General
- Estadística Confederal
- Delineación

El responsable al frente de la Sección de Estadística podrá ser, indistintamente, un consejero o un funcionario, según lo acuerde en cada caso la Comisión Permanente. El mencionado responsable estará al propio tiempo al frente de la Subsección o Departamento "Orientación y Consultas".

La Subsección "Orientación y Consultas" tendrá por misión:

a) Llevar la dirección efectiva de los trabajos que se realicen en los demás departamentos o subsecciones de esta Sección y atender y resolver las consultas que le fueren hechas por los mismos.

b) Ser el nexo de relación con las demás Secciones del Consejo Económico Confederal y Comisiones, etc. que efectuará, ya directamente, o por intermedio de "Secretaría General", según los casos, y recibir y distribuir el material estadístico que se reciba o los encargos que se hagan para cualesquiera departamentos de la Sección.

c) Controlar la asidua prosecución de los trabajos estadísticos encargados a los restantes departamentos de la Sección, llevar los ficheros de los archivos propios de los diversos departamentos de la Sección y cuanto sea necesario para poder seguir la marcha de sus respectivos trabajos y tener constancia de los progresos realizados en su desarrollo.

d) Resolver por sí mismo sobre la efectuación de nuevos trabajos estadísticos, cuando no se requieren otras fuentes informativas que las existentes en la Sección o en otras dependencias,

Secciones o Comisiones del Consejo Económico Confederal o del Comité Nacional de la CNT o proponer razonadamente a la Comisión Permanente del Consejo Económico Confederal la conveniencia de su efectuación, recabando la oportuna valorización en otro sitio.

Además del responsable de la Sección que estará al frente de esta Subsección, ésta dispondrá de aquel personal auxiliar que las necesidades del Servicio vayan requiriendo.

La Subsección Estadística General tendrá por misión:

a) Reunir en la Biblioteca auxiliar propia (o tener constancia de la parte de su interés contenida en la Biblioteca general del Consejo Económico Confederal, Departamento incluido en la Sección "Secretaría General") cuantas publicaciones oficiales (ya sean del Estado, regiones autónomas, provincias, municipios, etc.) tengan un interés estadístico, y confeccionar los oportunos índices auxiliares que permitan una más perfecta utilización del material estadístico contenido en dichas publicaciones.

b) Deducir, con el manejo de las estadísticas mencionadas en la letra anterior, los nuevos datos o estudios estadísticos que le sean señalados por el responsable de la Sección, o que, siendo sugeridos y propuestos por la propia Subsección, sean autorizados por aquél.

c) Llevar archivo y ficheros propios de todo el material y trabajos motivo de consulta, estudio o actuaciones de la Subsección.

Esta subsección estará integrada solamente por funcionarios y, en lo posible, se tenderá a la mecanización del servicio, para simplificar la labor del personal.

La Subsección Estadística Confederal tendrá por misión:

a) Recibir, por intermedio del responsable de la Sección, todo el material estadístico que facilitase el Departamento "Oficina de centralización administrativa de la Sección Control Administrativo del Consejo Económico Confederal" y clasificarlo convenientemente en los grupos ya federativos de industria, ramas de producción o de actividades económicas (globales-extractivas, productoras, transformadoras, distribuidoras, comunicantes; o parciales, o especializadas, por ejemplo, respectivamente, energía, carbón); o bien por áreas territoriales iguales a las jurisdiccionales de organismos delegados del Consejo Económico Confederal, o de otra condición técnico-industrial o económica.

b) Actuar del mismo modo indicado en la letra anterior, y según instrucciones especiales que haya recibido, o reciba a su solicitud del responsable de la Sección, con todo el restante material de utilización estadística que, de procedencia confederal, llegue a esta Subsección por intermedio de la de "Orientación y Consulta".

c) Llevar a cabo, en lo tocante a esta Subsección, lo señalado en las letras b) y c) al describir la misión de la Subsección "Estadística Confederal".

Esta Subsección estará integrada solamente por funcionarios y se tenderá, asimismo, como se ha dicho en la anterior Subsección, a la máxima mecanización posible.

La Subsección "Delineación" tendrá por misión:

a) Ser el departamento auxiliar de los anteriores de esta Sección, para poder dibujar los gráficos, esquemas, planos, etc. que, para expresar de modo sintético, y facilitar la consulta o estudio de determinadas series de datos estadísticos, se lleven en esta Subsección siguiendo instrucciones de la Subsección "Orientación y Consulta".

b) Servir de departamento auxiliar general del Consejo Económico Confederal para cuantos asuntos relativos a Delineación se precisen, no pudiendo atender otros encargos que los que reciba directamente del secretario general del Consejo o del responsable de esta Sección de Estadística.

c) Llevar el correspondiente archivo e índices de planos, gráficos, etc. hechos y en confección, y registrar la entrega de copias, según datos que le serán facilitados, al solicitarse, por el secretario general del Consejo o por el responsable de la Sección.

Esta Subsección estará constituida solamente por funcionarios.

Anexo. Agosto de 1938: Rápida constitución de Consejos de Economía Confederales

La Nueva Economía[231]

En torno a los acuerdos del Pleno Nacional de Regionales

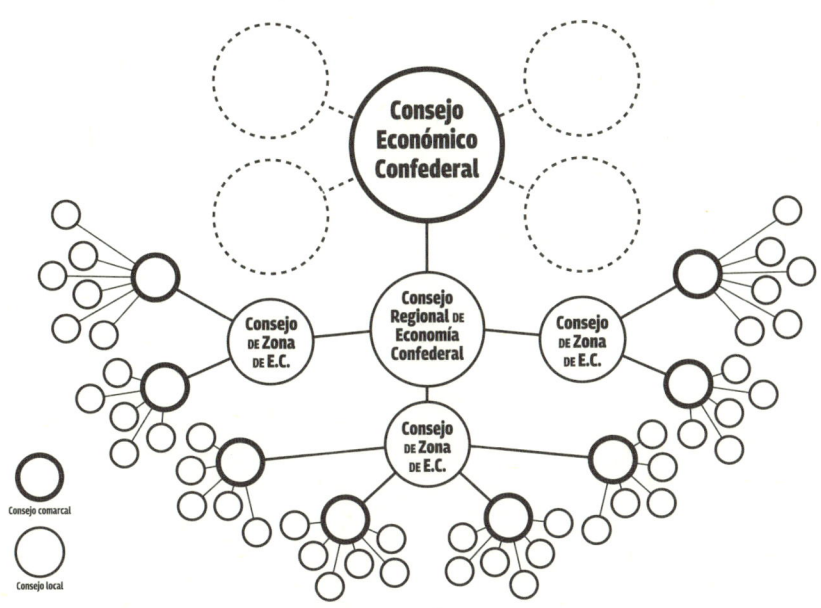

En el Pleno Nacional de Regionales de la CNT que ha tenido lugar en Valencia en el pasado mes de agosto, se han abordado numerosas cuestiones económicas como resultado de la experiencia recogida en los meses transcurridos desde la celebración del memorable Pleno Nacional Ampliado, de carácter económico, que tuvo lugar en la misma capital de Valencia, en el mes de enero último. Con la asistencia de las Delegaciones del Consejo Económico Confederal y de los Consejos Regionales de Economía Confederal de Levante, Centro y Cataluña, el Pleno Nacional de Regionales, en el que estuvieron representadas todas las Regionales de la CNT fue enjuiciando la labor realizada y contrastando los resultados con los objetivos

---

231. Tierra y Libertad, 24/11/1938, p.4

que se trazó la Organización en aquel memorable Comicio, y que es preciso llevar a cabo con la mayor brevedad posible.

Dedicar un comentario a todos y cada uno de los asuntos debatidos en este reciente Pleno Nacional de Regionales sería una labor no adecuada para un semanario, ya que el espacio que debe dedicarse en éste resultaría insuficiente para tratar estos temas con la amplitud que un debido comentario haría indispensable. Por esta razón, vamos a limitarnos en esta serie de tres artículos, a desarrollar solamente, y de la manera más sucinta posible, un comentario y una explicación sobre los tres asuntos que a nuestro juicio pueden considerarse fundamentales en la labor realizada por el Pleno Nacional de Regionales de agosto último:

I.- Rápida constitución de Consejos de Economía Confederal.

II.- Reglamentación del Servicio Confederal de Almacenes de Distribución.

III.- Incorporación racional de la mujer a las tareas de la producción y fomento de la Cultura técnico-administrativa.

**

Desde enero último, se han creado numerosos Consejos de Economía Confederal en muchas localidades y comarcas de la España leal, habiendo sido facilitada esta tarea en muchos casos por cuanto ya existían en la práctica estos organismos en muchas localidades, si bien, con distinta denominación, y fue tan solo necesario transformar la estructuración interna de algunos de ellos, para que pudieran incorporarse al cumplimiento de las misiones que el Pleno Nacional Ampliado señaló deberían ser motivo de las actividades de los Consejos de Economía Confederales. Se han observado en la práctica, que en los acuerdos del Pleno Nacional Ampliado, al estructurar los Consejos de Economía Confederal de los diversos planos, se había omitido la reglamentación del modo en que deberían construirse los Consejos Comarcales y de zona de Economía Confederal, que, si bien es cierto que no son en muchos casos de una inexcusable necesidad, sin embargo, a medida del desarrollo de la centralización administrativa de la economía confederal se convierten en un engranaje ineludible, para facilitar la descentralización y el descongestionamiento burocrático, que llegaría a alcanzar proporciones enormes, al pasar los asuntos –datos estadísticos y contables, expedientes, etc.– directamente, desde los Consejos Locales a los Consejos Regionales de Economía Confederal.

El Pleno Nacional de Regionales ha enfocado la cuestión, pensando en las circunstancias del momento, pero también en todas las posibles variaciones que seguirán hasta llegar al desarrollo completo de los planes previstos en el Pleno Nacional Ampliado de enero último. Por esta razón, y después de animado debate entre las diversas delegaciones que concurrieron al Pleno, ha tomado el acuerdo que literalmente transcribimos a continuación:

Considerando que implícitamente está reconocida la necesidad de la existencia de Consejos Comarcales y de Zona de Economía confederal a través de los acuerdos adoptados por el Pleno Nacional Ampliado celebrado en Valencia en Enero último, y que no puede inferirse de su omisión en el capítulo titulado "De los Consejos de Economía" del Dictamen aprobado sobre la letra (a) del décimo punto del Orden del Día del referidpo Pleno, la no conveniencia de su existencia, estando ésta reclamada, además por razones lógicas, tanto de reconocimiento de una realidad ya existente en la Base, como de una necesidad obligada para facilitar la centralización administrativa, a medida que ésta adquiera todo su desarrollo, se acuerda:

1º Los Consejos Regionales de Economía Confederal vendrán obligados a organizar lo antes posible los Consejos Comarcales de su respectiva Región y podrán también establecer cuantos Consejos de Zona estimen pertinentes.

Corresponderán a la jurisdicción de un Consejo Comarcal de Economía Confederal los Consejos Locales correspondientes a las localidades comprendidas en su demarcación comarcal. Del mismo modo la jurisdicción de un Consejo de Zona de Economía Confederal se extenderá a todos los Consejos Comarcales y Locales de Economía Confederal radicados en su Zona.

La delimitación territorial de los respectivos Consejos Regionales de Economía, conforme a las normas establecidas por el Consejo

Económico Confederal en su Resolución de fecha 21 de Mayo último.

2º Los Consejos de Zona, Comarcales y Locales de Economía Confederal encuadrados en la jurisdicción de un Consejo Regional de Economía Confederal tendrán funciones delegadas del Consejo Económico Confederal, a través del respectivo Consejo Regional de Economía Confederal, si éste, existiese. De no existir, las relaciones de todo orden entre el CEC y los citados Consejos se efectuarán por intermedio del respectivo Consejo Regional Confederal.

3º Los Consejos de Zona de Economía Confederal se constituirán a base de dos delegados de la rama de producción principal de la Zona y un delegado de cada una de las restantes ramas de producción existentes en la Zona, todos ellos designados por las Federaciones o Sindicatos Regionales de Industria respectivos, debiendo recaer los nombramientos en camaradas pertenecientes a las Secciones o Sindicatos Locales o Comarcales de dichas Federaciones o Sindicatos Regionales radicados en localidades de la Zona, preferentemente en la capital misma; y, además, por un delegado con carácter de asesoramiento y fiscalización, designado libremente por el Comité Regional Confederal de entre militantes que habitualmente residan en algunas de las localidades de la Zona. El Secretario del Consejo de Zona de Economía Confederal será designado libremente por el Consejo Regional de Economía Confederal.

4º Los Consejos Comarcales de Economía Confederal se constituirán sobre la base de un delegado por cada uno de los Sindicatos o Secciones de Industria Comarcales existentes y uno por cada una de las ramas que no resulten comprendidas en dichos Sindicatos o Secciones Comarcales, designados estos últimos libremente por las Federaciones o Sindicatos Regionales respectivos de estar afiliados suyos residentes en alguna localidad de la Comarca; y un delegado, con carácter de asesoramiento y fiscalización, designado por la Federación Comarcal de Sindicatos, si existiese, o en su defecto, por el Comité Regional Confederal, debiendo recaer en este último el nombramiento en un afiliado que habite, o desde entonces se domicilie, en la capital de la Comarca. El Secretario del Consejo Comarcal de Economía Confederal respectivo, en iguales condiciones que se ha indicado para el delegado de designación sindical.

5º El número total de componentes de los Consejos indicado en los números 3º y 4º compondrán el Pleno de los respectivos Consejos y designarán de su seno una Comisión Permanente que estará integrada por el Secretario del Consejo, el delegado de representación sindical confedera y tres representantes designados libremente de entre los demás componentes del Consejo en reunión plenaria celebrada por el mismo.

La misión de los Consejos de Zona y Comarcales de Economía Confederal será la misma que para los Locales fue señalada en el referido acuerdo del Pleno Nacional Ampliado, con la natural extensión a todo el territorio de su respectiva demarcación y respetando las marcas y zonas será hecha por el responsable de los Consejos Locales de Economía Confederal. Los Consejos Regionales de Economía Confederal podrán reglamentar en su respectiva región el funcionamiento de los Consejos Comarcales y de Zona, delegando en ellos las facultades que estimen procedentes. De las normas de reglamentación, ampliación o delegación de facultades, y modificación de los Consejos Locales, Comarcales y de Zona de Economía Confederal, deberán los Consejos Regionales informar rápidamente al Consejo Económico Confederal, quien podrán rectificar lo actuado, si se hubiese incumplido lo prescrito en los acuerdos de esta Resolución y señalado en las previsiones del Pleno Nacional Ampliado, de carácter económico, de Enero último.

Para que el lector comprenda exactamente cómo queda establecida la relación de los diversos Consejos de Economía Confederal entre sí, acompañamos un gráfico titulado "Relación orgánica definitiva de los Consejos de Economía Confederal".

No podía el Pleno Nacional de Regionales desconocer las particulares circunstancias, que en numerosas localidades de la zona leal impiden hoy circunstancialmente – por causa misma de la atención preferente que los asuntos de la guerra motivan y, también por la cantidad grande de compañeros competentes, que se encuentran desplazados de las tareas de producción, e incorporados al Ejército Popular – constituir los Consejos Locales de Economía Confederal, en tanto que existen facilidades para lograr la debida relación de las unidades económicas confederales o mixtas, en ellas radicadas, con el organismo aglutinador de economía confederal que se establezca, en otras localidades, no excesivamente distantes o en último caso, con medios adecuados de comunicación y relación, para que la función inspectora y de control de economía confederal, de esas nuevas y provisionales demarcaciones, pueda llevarse a cabo con todas las garantías de una suficiente normalidad.

A tenor de esto y como solución al caso, el Pleno Nacional de Regionales ha adoptado el acuerdo, que también transcribimos literalmente a continuación:

Teniendo en cuenta las dificultades por que atraviesa en la actualidad, a causa de las circunstancias motivadas por la guerra, la economía nacional en diversas regiones y comarcas o localidades, y por lo tanto, quedando afectada de igual modo la economía confederal comprendida en aquella, y oídos los informes verbales aportados por el Consejo Económico Confederal y los Consejos Regionales de Economía Confederal ya existentes, el Pleno acuerda:

1º Quedan facultados los Consejos Regionales de Economía Confederal para constituir Consejos Comarcales y de Zona, provisionalmente estructurados en la forma que libremente determinen dichos Consejos, a la vista de las circunstancias de cada momento y mientras no les sea posible, de modo efectivo, constituir los Comarcales y con éstos como base los de Zona.

2º Los Consejos Comarcales motivo de la autorización contenida en el acuerdo anterior podrán extender su jurisdicción a todas las localidades que el respectivo Consejo Regional de Economía Confederal les indique, pudiendo el Consejo Regional excluir en cualquier momento de la jurisdicción del Consejo Comarcal afectado la localidad o localidades que estime conveniente, ya sea para agregarla a la demarcación, de otra Comarcal, o bien para crear un Consejo Local de Economía Confederal en la misma.

La relación de las unidades económicas con el Consejo Regional de Economía Confederal se hará directamente a través de los Consejos Locales, cuando existan, o de los Consejos Comarcales antes descritos.

3º Con iguales características, y a base de igual amplia autorización, podrán los Consejos Regionales de Economía Confederal constituir libremente los Consejos de Zona de Economía Confederal, solo diferenciados de los Comarcales en su mayor demarcación territorial y, por consiguiente, en el mayor número de localidades comprendidas en su jurisdicción.

4º Queda expresamente determinada que sólo podrán adscribirse a un Consejo Comarcal o de Zona, de los autorizados por los acuerdos precedentes, localidades territorialmente contiguas y en las cuales no exista ya Consejo Local de Economía Confederal o justificadamente sea posible su creación.

Observe el lector que al aplicar este acuerdo a título provisional y sólo por el tiempo que las circunstancias lo requieran, se establece un sistema interino y transitorio de relación orgánica, entre los diversos Consejos de Economía Confederal, como una etapa intermedia para llegar a la estructuración definitiva que se ha reflejado en el gráfico mencionado anteriormente.

En efecto, podrán constituirse Consejos Comarcales de Economía Confederal, que tengan relación y control directo cerca de las unidades económicas radicadas en no importa qué localidades de la comarca y, a través, claro está, de los órganos adecuados de los sindicatos de industria, etc. previstos en su día en el Pleno Nacional Ampliado, y del mismo modo podrá operarse, cuando en lugar de una comarca se trate de una extensión territorial mucho mayor, que denominamos zona, y la cual, puede llegar circunstancialmente a la extensión de una provincia; pero, como era indispensable evitar, que una estructura autorizada sólo a título circunstancial, pudiera convertirse, o propendiera a transformarse en definitiva, se ha dicho de modo muy claro, que deberán constituirse los Consejos Locales de Economía Confederal, dondequiera que su constitución sea factible; con lo cual resulta que, a medida que un Consejo Comarcal o de Zona de Economía Confederal, vaya intensificando su labor, y pueda justificarse la creación de algunos Consejos Locales de Economía Confederal en núcleos urbanos comprendidos en la comarca o en la zona, habría la seguridad cierta de que esa constitución no podrá diferirse, y estos nuevos Consejos Locales de Economía Confederal se relacionarán directamente con el Consejo Regional respectivo, dejando de quedar comprendidos en la jurisdicción del Consejo Comarcal o de Zona, al que anteriormente estaban vinculados.

El lector debe darse más cabal cuenta de cómo se opera la relación entre los organismos de economía confederal en esa etapa provisional y transitoria examinando el gráfico que acompañamos titulado "Creación orgánica provisional autorizada por el Pleno Nacional de Regionales".

La trascendencia de estos acuerdos de estructuración orgánica de los Consejos de Economía es de incalculable repercusión en todos los medios confederales, y por ende también en la economía nacional del país, pues, con las previsiones adoptadas por la CNT, se logrará de un modo efectivo vigorizar la labor de control administrativo, de dirección técnica, de simplificación de gastos y de mancomunación de esfuerzos y realización de fines de solidaridad económica, que no podrían ser prácticamente viables, en la proporción debida, sino se hubiese creado ese mecanismo tan perfecto, que es el plan de los Consejos de Economía Confederal que, partiendo de las Localidades, llega a la cima, compendio y suma de la nación; expresada esta última en la CNT, en el órgano creado por el Pleno Nacional Ampliado que se denomina Consejo Económico Confederal.

Relación Orgánica Provisional
AUTORIZADA POR EL
Pleno Nacional de Regionales

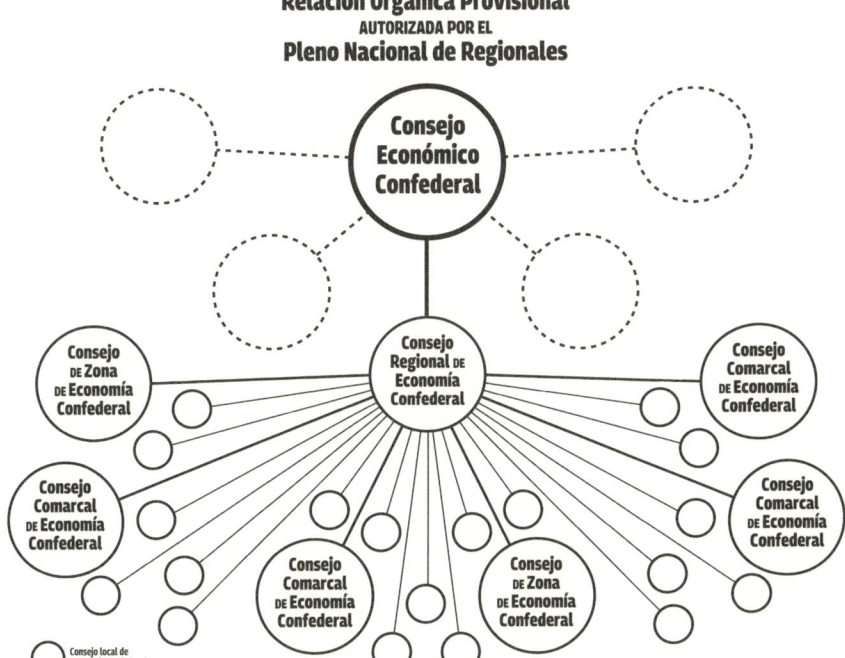

Bibliografía

Algué Sala, Jordi (coord.) (2015): *Silencis. República, Guerra Civil i repressió franquista a Navàs (1931 - 1945)*. Ajuntament de Navàs. http://memoria.navas.cat/silencis/

Aymerich Cruells, Juan (2008). *Las cooperativas y las colectivizaciones obreras en Catalunya como modelos de gestión colectiva. Proceso de regulación legal (1839-1939)*. Universitat de Barcelona. Dret Mercantil. https://www.tdx.cat/bitstream/handle/10803/1409/JAC_TESIS.pdf?sequence=1

Bakunin, Miguel. *La Libertad*. Júcar, 1980.

Balcells, Albert:

——— (1980): *El problema agrario en Cataluña. La cuestión rabassaire (1890-1936)*, MAPA, Madrid.

——— (2014): "El control sindical dels transports i de les comunicacions de Barcelona entre 1931 i 1939". Butlletí de la Societat Catalana d'Estudis Històrics. Núm. XXVI (2015), p. 181-202

——— (2016): *Les col·lectivitzacions a Catalunya i al País Valencià durant la Guerra Civil espanyola de 1936 a 1939*. Institut d'Estudis Catalans.

Balcells, Albert; Giralt, Emili, y Termes, Josep (1970): *Los movimientos sociales en Cataluña, Valencia y Baleares*, Nova Terra, Barcelona.

Ballester, David (1997*): L'instrument sindical" del PSUC durant la guerra civil. La UGT de Catalunya (1936-1937)*. Universitat Autònoma de Barcelona. Working paper, n. 127. https://www.icps.cat/archivos/WorkingPapers/WP_I_127.pdf?noga=1

Balkanski, George (1975): *La collectivisation*. [folleto] Ed. F.L. de Drancy (C.N.T.)

Batzac (s.d.): *La col·lectivització d'empreses durant la Guerra Civil a Catalunya (1936-1939)*. [Treball de Recerca] Universitat Pompeu Fabra. https://www.upf.edu/documents/2846463/7018725/Col_lectivitzacions_d_empreses_durant_guerra_civil.pdf/

Berenguer, Arnau (2021): "Sabadell: Guerra Civil, revolució i repressió franquista de postguerra (1936-1945)" [artículo web] *Ser Histórico*. 29/06/2021. https://serhistorico.net/2021/06/29/sabadell-guerra-civil-revolucio-i-repressio-franquista-de-postguerra-1936-1945/

Berger Mulattieri, Gonzalo:

——— (2018). *Les Milícies Antifeixistes de Catalunya: voluntaris per la llibertat*. Eumo.

――― (2018). *El pes específic de la CNT en el context dels fets de maig del 1937. Anàlisi d'afiliació sindical de la Federació Regional de Catalunya.* Universitat de Barcelona.

Bernecker, Walther L. (1982): *Colectividades y revolución social. El anarquismo en la guerra civil española, 1936-1939,* Crítica, Barcelona.

Berstein, Serge (2002): *La France des années 30,* Paris, Armand Colin, coll. Cursus. Histoire, 4ᵉ éd.

Besnard, Pierre (1931): *Los Sindicatos Obreros y la Revolución Social.* Ediciones CNT.

Blanchon, Jean-Louis. «La Cerdanya col·lectivitzada. 1936-1937». *Trobades Culturals Pirinenques,* 2018, Núm. 14, p. 147-151, https://raco.cat/index.php/Trobades-Piri/article/view/351654.

Bolloten, Burnett (1961): *The Grand Camouflage,* Londres.

Bookchin, Murray (1978): *The Spanish Anarchists.* Hipercollins, Nueva York.

Borkenau, Franz (1965 [1937]): *The Spanish Cockpit,* Londres, 1937 reed. University of Michigan Press, 1965.

Brenan, Gerald (1985 [1962]): *Le Labyrinthe espagnol,* trad. fr., 1962 [*El laberinto español.* Plaza y Janés, Barcelona, 1985].

Bricall, Josep María:

――― (1978): *Política econòmica de la Generalitat (1936-1939). Volum primer: evolució i formes de la producció industrial,* edicions 62, Barcelona.

――― (2010). "Aproximación a los Decretos de S'Agaró". *Studia Historica. Historia Contemporánea,* 3. Recuperado a partir de https://revistas.usal.es/uno/index.php/0213-2087/article/view/5726

Broto Villegas, Cèsar (2006): *La Lleida anarquista. Memòries d'un militant de la CNT durant la República, la guerra civil i el franquisme.* Pagès editors, Lleida.

Broué, Pierre y Témime, Émile (1961) : *La Révolution et la guerre d'Espagne,* Minuit. París.

Calero Delso, Juan Pablo (2011): *El Gobierno de la Anarquía.* Ed. Síntesis, Madrid.

Camps Calvé, Marta; Gorostiza, Santiago; Saurí Pujol, David (2021). "Cultivar bajo las bombas. La agricultura urbana y periurbana en Barcelona durante la Guerra Civil, 1936-1939". Universitat Autònoma de Barcelona y Centre d'Histoire de Sciences. *Historia agraria: Revista de agricultura e historia rural,* nᵉ 84, 2021. pp 141-171

Canyameres i Cortàzar, Jaume (2013): *I les xemeneies continuaren fumejant. Col·lectivitzacions i control obrer a Terrassa (1936-1939).* Terrassa, Fundació Torre del Palau.

Cárdaba Carrascal, Marciano:

(1997): «Col·lectivisme agrari a Garrigàs (1936-1939)». Història. *Annals de l'Institut d'Estudis Empordanesos,* Figueres, 30(1997), p. 273-294

――― (2002): *Campesinos y revolución en Cataluña. colectividades agrarias en las comarcas de Girona 1936-1939.* Fundación Anselmo Lorenzo.

——— (2004): *La col·lectivitat de la Indústria pesquera de Roses de Vicens Soler*. Ed. Documents AIEE Figueres pp. 499 a 541

——— (2013): « Figueres i la Guerra Civil, 1936-1939 ». Annals de L'Institut d'Estudis Empordanesos, vol. 44. https://www.academia.edu/75117643/Figueres_i_la_guerra_civil_1936_1939

Cardona Rosell, Mariano (1937). *Aspectos económicos de nuestra revolución. Conferencia pronunciada en el Cine Coliseum de Barcelona el día 31 de enero de 1937.* Oficinas de Propaganda CNT-FAI.

Caravaca Fernánez, Sergi (2013): *La industria de guerra a Badalona durant la Guerra Civil*. Màster Oficial d'Estudis Històrics. La Guerra Civil. Universitat de Barcelona, 27 de juny de 2013.

Carr, Raymond (1974): *Estudios sobre la República y la Guerra Civil española*, Ariel.

Castells Duran, Antoni:

——— (1992): *Las transformaciones colectivistas en la industria y los servicios de Barcelona (1936-1939).* Fundación Salvador Seguí, Madrid.

——— (1993): *Les col·lectivitzacions a Barcelona 1936-1939: la col·lectivització-socialització de la industria i dels serveis a Barcelona (ciutat i província), les agrupacions o concentracions d'empreses.* Hacer, Barcelona.

——— (1996): *El proceso estatizador en la experiencia colectivista catalana (1936-1939)* ed. Nossa Jara y Madre Tierra, Madrid

Castells Peig, Andreu (1975). *Guerra i Revolució 1936-1939*. Ed. Riutort.

Cendra i Bertran, Ignasi (2006). *El Consell d'Economia de Catalunya (1936-1939). Revolució i contrarevolució en una economia col·lectivitzada.* Publicacions de l'Abadia de Montserrat, Barcelona.

Cole, G. D. H. (1964), Historia del pensamiento socialista. V, II ed., Fondo de Cultura Económica. México D.F.

Comas, Eulàlia; Rodríguez, Miguel (2014). *Economia Col·lectiva. L'última revolución d'Europa.* Documental DVD. https://economiacollectiva.com/

Congreso de La Comedia (1919) de la C.N.T. Editado por A. Elorza en Revista de Trabajo, n"33. Madrid. 1970-1971.

Costa Font, Josep (2008): *Memorias de un colectivista libertario Badalonés (1936-1939).* Ed. Centre d'estudis F Montseny, Badalona.

Deu Baigual, Esteve (2019): *L'economia de guerra a Sabadell, 1936-1939.* Universitat Autònoma de Barcelona. L'Abadia de Montserrat. Barcelona.

Díaz Nosty, B. (1974): La Comuna Asturiana, la Revolución de Octubre de 1934. Zero ZYX.

Díez, Xavier (2008): «La socialització dels espectacles» en Foguet i Boreu, Francesc (coord.). *Teatre en temps de guerra i revolució (1936-1939).* Punctum. Memorial Democràtic i Generalitat de Catalunya.

Dolgoff, Sam (editor) (1974): *The anarchist collectives. Workers' self-management in the Spanish Revolution. 1936-1939.* Introducción de Murray Bookchin. Paperback.

Escuela de militantes de Cataluña (1937). *Manual del Militante. El libro de la organización para la organización*. Ed. Oficinas de Propaganda CNT-FAI. Barcelona.

Escrivà Moscardó, Cristina y Maestre Martín, Rafael (2007). *La revolución libertaria. 70 aniversario del 19 de julio de 1936.* Confederación General del Trabajo y FSS.

Etor, JJ. (1913). *Industrial Unionism. The road to Freedom.* Publicación de IWW. https://www.marxists.org/history/usa/unions/iww/1913/ettor.htm

Fàbrega i Enfedaque, Albert (2012). "Les lluites pel control de "Minas de Potasa de Súria, SA" durant el primer any de la Guerra Civil (1936-1937)". Revista Dovella, 2012. pp 36-40.

Fabbri, Luigi:

——— (1921). Revolución no es dictadura. Online. https://es.theanarchistlibrary.org/library/luigi-fabbri-revolucion-no-es-dictadura

——— (1922). Anarquía y comunismo científico. La Turba Ediciones

Fernández Andújar, Francisco José (2021). *De la teoría a la práctica: Historia e ideología del anarquismo en Granada 1870-1939.* (Tesis doctoral) Universidad de Granada

Ferrer i Farriol, Joan (1975). *Costa Amunt.* Terra Lliure, París.

Figueres, Josep Maria (1996): *Apropiacions de la premsa a Catalunya durant la Guerra Civil.* Universitat Autònoma de Barcelona. Facultat de Ciències de la Comunicació. Anàlisi 20, 1997 85-123

Flores Martínez, Pedro (1981). *Luchas sociales en el Alto Llobregat y Cardoner.* Ed. del Autor, Manresa.

Gabriel Sirvent, Pere (editor) (2011). *Historia de la UGT. Un sindicalismo de guerra. vol. 4.* Siglo XXI, Madrid.

García Oliver, Joan (1978). *El eco de los pasos.* Ruedo Ibérico, tapa dura.

García Sánchez, José (1981): *Tal como lo vi. La colectividad de campesinos de Cerdanyola/Ripollet 1936-1939,* Ed. del autor, Cerdanyola.

Garrido-González, Luis:

——— (2008): "Las enfrentadas alternativas económicas de anarquistas y comunistas" en Fuentes, Enrique y Comín, Francisco. *Economía y economistas españoles en la Guerra Civil.* Vol. II. Galaxia Gutemberg. Círculo de Lectores pp. 277-311.

——— (2008). *Jaén y la Guerra Civil (1936-1939).* Boletín. Instituto de estudios Giennenses julio-Dicbre. 2008 – nº 198 – Págs. 197-226 – ISSN: 0561-3590

——— (2010): *Colectivización económica en la Guerra Civil española (1936-1939).* Revista de la Historia de la Economía y de la Empresa, IV, 2010, pp. 353-386.

——— (2019): *Lucha por una Ilusión. La revolución colectivizadora en la Guerra Civil Española.* Universidad de Jaén. https://www.academia.edu/39069068/Lucha_por_una_Ilusi%C3%B3n_La_revoluci%C3%B3n_colectivizadora_en_la_Guerra_Civil_Espa%C3%B1ola_STRUGGLE_FOR_AN_ILLUSION_The_collectivizing_revolution_in_the_Spanish_Civil_War

Gavaldà Torrents, Antoni:

——— Con Recasens i Rovira, Maria (1999): "La col·lectivitat Agrícola de Vilabella durant la Guerra (1936-1939)" en Soler Àlvarez, Eliseu A. (coord.) (1999). *Recull Josep Maria Jujol i Gibert (1879-1949)*, págs. 221-237

——— (2002): "La col·lectivització agraria d'Alcover en temps de guerra". Butlletí. Centre d'Estudis Alcoverencs, ISSN-e 2385-3158, ISSN 1133-0325, Nº. 97-100, 2002 (Ejemplar dedicado a: La guerra civil a Alcover (1936-1939)), págs. 54-117

——— (2004): "Precedents i avatars de la col·lectivització agrària, el 1936, a Catalunya". Plecs d'Història local, 114. Desembre. pp. 1794-1797

——— (2016): La col·lectivització agrària a l'Alt Camp (1936–1939). A la recerca d'una millora socioeconòmica. Universitat Rovira i Virgili. Tarragona.

——— (2016): *Fam de pa i de terra. La col·lectivització agrària a Catalunya*. Tarragona. Col·lecció Recerca, Núm. 35. Publicacions de la Universitat Rovira i Virgili

——— (2019): *Cataluña, avatares de la colectivización agraria (1936-1939)*. Fundación Anselmo Lorenzo, Madrid.

Gómez Casas, Juan (2002). Historia de la FAI. 3ª ed. Fundación Anselmo Lorenzo.

Gómez Gómez, Miguel (2023). *Temps de discòrdia. Segona República, Guerra Civil i primer franquisme a Artés (1930-1945)*. Ajuntament d'Artés

Grau Pujol, Josep Maria T. (1992): *Les col·lectivitzacions forestals a Santa Coloma de Farners (1936-1939)*. Quaderns de la Selva, ISSN 1130-1708, ISSN-e 2385-4480, Nº. 5, 1992. pp. 143-148

Guarner, Vicenç (1975): L'aixecament militar I la guerra civil a Catalunya (1936-1939). Publicacions de l'Abadia de Montserrat.

Guillamón Iborra, Agustín:

——— (2013): *La Revolución de los Comités. Hambre y violencia en Barcelona. De julio a diciembre de 1936*. Aldarull.

——— (2015): *La guerra del pan. Hambre y violencia en la Barcelona revolucionaria. De diciembre de 1936 a mayo de 1937*. Descontrol Ediciones.

——— (2015): *La represión contra la CNT y los revolucionarios. Hambre y violencia en la Barcelona revolucionaria. De mayo a septiembre de 1937*. Descontrol Ediciones.

Gutiérrez Molina, José Luis (2020). *Llevaban un mundo nuevo en sus corazones. La revolución en el conflicto español (1936-1939). Colectividades libertarias en Castilla*. Calumna y FAL.

Hewes, Amy. "Guild Socialism: A Two Years' Test". *The American Economic Review*, Vol. 12, No. 2 (Jun., 1922), pp. 209-237 (29 pages)

Jackson, Gabriel (1974). *A concise history of the Spanish Civil War*. John Day Co.

Kaminski (1976 [1937]). *Los de Barcelona*. Ed. Cotal, Barcelona.

Kelsey, Graham (coord..) (1987): *Consejo de Aragón I*. Cuadernos de la Guerra Civil, Fundación Salvador Seguí.

Leval, Gaston:

——— (1959): *Pratique du socialisme libertaire*. Ed Groupe Socialiste libertaire. Genève

——— (1972): *La España Libertaria, 36-39*, ed. de Cercle y ed. de la Tete des Feuilles, París.

——— (1974): *Colectividades libertarias en España*. Ed. Proyección, Buenos Aires.

López Esteve, Manuel (2013). *Els Fets del 6 d'Octubre de 1934*. Ed. Base.

Maldonado Royo, José María (2008). *El Frente de Aragón*. Mira Edito

Márquez, Carlos José (2006). *Cómo se ha escrito la Guerra Civil española*. Lengua de Trapo, Madrid.

Martí Muntanyola, Sebastià. «La Col·lectivitat de la CNT durant la Guerra (1936-1939)». *Trobades d'estudiosos de les Garrigues*, 2003, p. 233-238, https://raco.cat/index.php/TrobadesGarrigues/article/view/364671.

Martínez Espinosa, Emilià (1982): "Com es va portar a terme la col·lectivització dels Ferrocarrils de la Generalitat". *Memòria.cat*. Associació Memòria i Història de Manresa. https://www.memoria.cat/les-collectivitzacions-durant-la-guerra-civil-del-1936/

Martínez Fiol, David (2009): *Revolución y servicios públicos en Cataluña: la disputa de las organizaciones sindicales*, Historia Social, nº 63, pp. 19-39

Martínez Ruiz, Elena (2006): *Guerra Civil, comercio y capital extranjero. El sector exterior de la economía española (1936-1939)*. Estudios de Historia Económica N.º 49

Martínez Fiol, David y Tavera García, Susanna (1998): *Corporativismo y revolución: los límites de las utopías proletarias en Cataluña (1936-1939)*, Historia Social, nº 32, pp. 53-71.

Maximoff, Gregori Petrovich (1999 [1927]): Program of Anarcho-syndicalism. Golos Truda.

Mintz, Frank:

——— (1976): *L'autogestion dans l'Espagne révolutionnaire*, Maspero, París.

——— (2006): *Autogestión y anarcosindicalismo en la España revolucionaria*. Traficantes de Sueños, Madrid

Moyano Jiménez, Florentino (2013). *La industria del gas catalana durante la guerra civil española. Los Servicios de Gas Unificados de Catalunya (1936-1939)*. Claves del mundo contemporáneo. Debate e investigación: actas del XI Congreso de la Asociación de la Historia Contemporánea https://dialnet.unirioja.es/metricas/documentos/ARTLIB/4534086

Monjo, Anna y Vega, Carme (1986): *Els treballadors i la Guerra Civil : història d'una indústria catalana col·lectivitzada*. Empúries, Barcelona.

Monjo, Anna (2003): *Militants. Democràcia i participación a la CNT als anys trenta*. Laertes.

Ollé Torrent, Maribel. «Notes per a la historia de l'anarquisme i sindicalisme a Gavá (1868-1939), de Josep Campmany Guillot». *Materials del Baix Llobregat*, 1996, Núm. 2, p. 150-151, https://raco.cat/index.php/Materials/article/view/200776.

Pagès Blanch, Pelai:

——— (2007): *La Comissió d'Indústries de Guerra de la Catalunya (1936-1938).* Publicacions de l'Abadia de Montserrat, Barcelona.

——— (2021): *República i Guerra Civil a Catalunya. Dels Fets d'Octubre de 1934 a l'ocupació franquista i l'exili.* Laertes, Barcelona.

Paniagua Rojano, Francisco Javier (1975). *Antecedentes históricos de la planificación en España.* CSIC; Universidad de Barcelona.

Pelegrí Terrado, Pilar. «La col·lectivitat d'Alguaire, 1936-1938.». *Shikar*, 2022, Núm. 9, p. 67-78, https://raco.cat/index.php/Shikar/article/view/412264

Pérez Baró, Albert:

——— (1974): *Treinta meses de colectivismo en Catalunya (1936-1939).* Ariel.

——— (1974): *Historia de la cooperación catalana.* Nova Terra, Barcelona.

——— (1974): *Autogestió obrera i altres temes.* Pòrtic, Barcelona.

——— (1989): *Història de les cooperatives a Catalunya.* Crítica, Barcelona 1989

Pons Vives, Josep (1984): *Revolució i guerra a la Granada del Penedès(1936-1939).* Llibres de l'índex Barcelona.

Pozo González, Josep Antoni (2002). *El poder revolucionari a Catalunya durant els mesos de juliol a octubre de 1936. Crisi i recomposició d'estat.* (Tesis). Universitat de Barcelona.

Preston, Paul:

——— (1978): *The Coming of the Spanish Civil War: Reform, Reaction and Revolution in the Second Republic 1931–1936.* London: Macmillan

——— (2001) [1984]. *Revolution and War in Spain 1931–1939.* London: Routledge.

Proudhon, Pierre J. (1851) "Séptimo estudio. Disolución del Gobierno en el organismo económico" en Idea general de la Revolución en el siglo XIX. Tomo I. p. 186 y ss.

Puig Vallverdú, Guillem:

——— (2016) : « Les col·lectivitats agràries al a Ribera d'Ebre durant la Guerra Civil (1936-1939). » Miscel·lània del CERE 26 (2016): 153-168. https://www.academia.edu/32772668/Les_col_lectivitats_agr%C3%A0ries_a_la_Ribera_d_Ebre_durant_la_Guerra_Civil_1936_1938_

——— (2019): "La masoveria en la revolució de juliol. La col·lectivització de la terra i el control per la rereguarda catalana (1936-1937)". Primer congrés Masia-Territori. *Actes* Barcelona, 2015. https://www.academia.edu/44996425/La_terra_en_com%C3%BA_La_col_lectivitzaci%C3%B3_agr%C3%A0ria_a_Catalunya_durant_la_Guerra_Civil_1936_1939

——— (2020): "La terra en comú. La col·lectivització agrària a Catalunya durant la Guerra Civil, 1936-1939". *Segle XX: Revista catalana d'història*, n. 13. https://doi.org/10.1344/segleXX2020.13.3

——— (2020). *La pagesia i la seva revolució. Una anàlisi sobre la conflictivitat i el canvi a la rereguarda catalana durant la Guerra Civil, 1936-1939*. Universitat Rovira i Virgili [Tesis doctoral] https://www.tesisenred.net/handle/10803/669300

Pujula, Jordi (1988) : "Crisi i reconversió a les fàbriques de "Sants"". Revista de Girona, *La rereguarda*. pp. 43-48. https://www.raco.cat/index.php/RevistaGirona/article/download/86603/111613

Richards, Vernon:

——— (1953): *Lessons of the Spanish Revolution*. Freedom Press, London.

——— (1975) *Enseignement de la Révolution espagnole*. La Lanterne Noire, n°2. París.

——— (1977): *Enseñanzas de la Revolución Española*. Campo Abierto, Madrid.

Rodríguez Patiño, Ana Belén (2006). *La Guerra Civil en Cuenca II. La pugna ideológica y la revolución*. James Crawford.

Rubió Sobrepere, Josep (1997): "Les col·lectivitzacions agrícolas durant la Guerra Civil a la comarca de les Garrigues". *I Trobada d'Estudiosos de la Comarca de les Garrigues*. Cervià. pp. 112-132. https://www.raco.cat/index.php/QuadernsSelva/article/download/25931/39619

Ruggeri, Andrés (2020). *Autogestión y revolución. De las primeras cooperativas a Petrogrado y Barcelona*. Ed Descontrol, Barcelona

Sagués San José, Joan (2001): *Lleida en la Guerra Civil espanyola (1936-1939)*. Universitat de Lleida. https://www.tesisenred.net/handle/10803/8221#page=9

Sánchez Cervelló, Josep (2003): *Las industrias de guerra de Cataluña durante la Guerra Civil*. (Tesis doctoral). Universitat Rovira i Virgili

Sánchez Jiménez, José (1989). «Las colectividades agrarias durante la guerra civil». *Anales de Historia Contemporánea*. ISSN 0212-6559, Nº. 7, 1989, págs. 49-72. https://digitum.um.es/digitum/bitstream/10201/7016/1/Las%20colectividades%20agrarias%20durante%20la%20Guerra%20Civil.pdf

Santacana i Torres, Carles (coord.) (1989). *Col·lectivitzacions al Baix Llobregat: 1936-1939*. Centre d'Estudis del Baix Llobregat i Publicacions de l'Abadia de Montserrat, Barcelona.

Saña, H. (2010). *La revolución libertaria: Los anarquistas en la Guerra Civil española*. Pamplona, Laetoli.

Seidman, Michael (2014). *Los obreros contra el trabajo*. Pepitas de Calabaza, Logroño. Primera edición en inglés, University of California, 1991.

Semprún Maura, Carlos (1978): *Revolución y contrarrevolución en Cataluña (1936-1937)*. Ed. Tusquets, Barcelona.

Serra Rotés, Rosa. "Hilados de Estambre del Alto Llobregat de Sant Salvador de la Vedella: economia de guerra.". *L'Erol: revista cultural del Berguedà*, 2020, Núm. 145-146, p. 22-32, https://raco.cat/index.php/Erol/article/view/377255

Soler Bartoló, Josep y Serra Rotés, Rosa (2020): "1937-1939: Cal Metre de Gironella, empresa col·lectivitzada." (pdf) *L'Erol: revista cultural del Berguedà*. núm. 145-146, 2020 - La Guerra Civil. 80è Aniversari (2). pp. 41-48 https://www.raco.cat/index.php/Erol/article/download/377257/470525.

Souchy, Agustin (1977*): Colectivizaciones: La obra constructiva de la revolución Españo-la* 1036-1939 (documentos), Ediciones CNT, Toulouse.

Souchy, Agustin (1969): en La Colectivización en Cataluña. Referenciado en Libértamen el 14/09/2023: https://libertamen.wordpress.com/2022/06/02/la-colectivizacion-en-cataluna-noche-sobre-espana-guerra-civil-y-revolucion-en-espana-1969-augustin-souchy/

Taller d'Estudis Llibertaris (2015) : "27. 1936-1939. Temps de revolución" en *Quadern nº1*. Quaderns d'Història Social d'Anoia. https://editorialmemoria.wordpress.com/acerca-de/27-1936-1939-temps-de-revolucio-a-igualada/

Termes, Josep:

——— ([1965] [1977] 2000). Anarquismo y sindicalismo en España (1864-1881). Ed. Crítica.

——— (2005): *Misèria contra pobresa. Els fets de la Fatarella del gener de 1937: un exemple de resistència pagesa contra la col·lectivització agrària durant la Guerra Civil*, Afers, Barcelona.

Thomas, Hugh (2001) [1961], [1976]: *The Spanish Civil War*. Modern Library. New York.

Torres i Gros, Jaume (2008): "De la incautació i comitè obrer a la col·lectivitat M. Pollina Germans". Quaderns de El Pregoner d'Urgell. pp. 59-71 https://dialnet.unirioja.es/descarga/articulo/5670476.pdf

Tuñón de Lara, Manuel y García-Nieto, Mari Carmen (1981): "La Guerra Civil", en Tuñón de Lara, M. (dir.), *La crisis del Estado: Dictadura, República, Guerra (1923-1939)*, Labor, Barcelona, pp. 241-545.

Turró i Martínez, Antoni (2007): *Les emissions monetàries oficials de la Guerra Civil (1936 – 1939). I. Andorra, Illes Balears, Catalunya (Generalitat i locals)*. Societat catalana d'estudis numismàtics. Institut d'Estudis Catalans. Barcelona, 2007.

Vega, Carme; Monjó, Anna y Vilanova, Mercedes (1990): "Socialización y Hechos de Mayo", *Historia y Fuente Oral*, nº 3, pp. 93-103.

Viader i Riera, Jordi (2007): "De la socialització al desagrupament: cinc anys d'Indústria Làctia a Barcelona 1936-1941". Miscel·lània, revista *HMiC*, núm. V, pàg. 67-94. https://ddd.uab.cat/record/25679

Varios autores. (1973 [1937]): *Colectivizaciones. La obra constructiva de la Revolución Española*. Ed. CNT de España en el Exilio.

ARCHIVOS CONSULTADOS

Associació Memòria i Història de Manresa (online).

Arxiu Comarcal del Bages (Manresa).

Arxiu Nacional de Catalunya (Arxius en Línia).

Arxiu de Revistes Catalanes Antigues.

Centro Democrático de la Memoria Histórica (Archivo de Salamanca) - PARES.

Centre d'Estudis Ramona Berni (Manresa).

Diari Oficial de la Generalitat de Catalunya (DOGC).

Fundació Salvador Seguí (Barcelona).

International Institute of Social History (Amsterdam).

Se imprimió el 19 de julio de 2024, en el 88º Aniversario de la Revolución española de 1936